四特 教育系列丛书 SITEJIAOYUXILIECONGSHU

学生信念素质教育

《"四特"教育系列丛书》编委会 编著

吉林出版集团股份有限公司
全国百佳图书出版单位

图书在版编目（CIP）数据

学生信念素质教育 ／《"四特"教育系列丛书》编委会编著 . —长春：吉林出版集团股份有限公司，2012.4
（"四特"教育系列丛书 ／庄文中等主编 . 学生素质教育与培养）
ISBN 978-7-5463-8739-0

Ⅰ . ①学… Ⅱ . ①四… Ⅲ . ①中小学生－信念－素质教育 Ⅳ . ① G631.2

中国版本图书馆 CIP 数据核字（2012）第 043963 号

学生信念素质教育
XUESHENG XINNIAN SUZHI JIAOYU

出 版 人	吴　强	
责任编辑	朱子玉　杨　帆	
开　　本	690mm×960mm　1/16	
字　　数	250 千字	
印　　张	13	
版　　次	2012 年 4 月第 1 版	
印　　次	2023 年 2 月第 3 次印刷	

出　　版	吉林出版集团股份有限公司
发　　行	吉林音像出版社有限责任公司
地　　址	长春市南关区福祉大路 5788 号
电　　话	0431-81629667
印　　刷	三河市燕春印务有限公司

ISBN 978-7-5463-8739-0　　　　　定价：39.80 元

前　言

学校教育是个人一生中所受教育最重要的组成部分,个人在学校里接受计划性的指导,系统地学习文化知识、社会规范、道德准则和价值观念。学校教育从某种意义上讲,决定着个人社会化的水平和性质,是个体社会化的重要基地。知识经济时代要求社会尊师重教,学校教育越来越受重视,在社会中起到举足轻重的作用。

"四特教育系列丛书"以"特定对象、特别对待、特殊方法、特例分析"为宗旨,立足学校教育与管理,理论结合实践,集多位教育界专家、学者以及一线校长、老师们的教育成果与经验于一体,围绕困扰学校、领导、教师、学生的教育难题,集思广益,多方借鉴,力求全面彻底解决。

本辑为"四特教育系列丛书"之《学生素质教育与培养》。

实施素质教育是我国现代化建设事业的需要。它体现了基础教育的性质、宗旨与任务。提倡素质教育,有利于遏制当前基础教育中存在着的"应试教育"和片面追求升学率的倾向,有助于把全面发展教育落到实处。从教育面向现代化、面向世界和面向未来的要求看,素质教育势在必行。这是我们基础教育时代的主题和任务。

学校教育的核心工作是培养全面发展的社会主义建设者和接班人,而学生则是未来的主要建设者和接班人,直接关系到整个社会的前途和命运。中小学生正处于青少年时期,其心理生理发展具有不成熟、可塑性强的特点,他们在面对错综复杂的社会时能否全面认识理性分析问题不仅是部分人的问题而是一个社会问题。当代青少年面临更多的机遇和史无前例的挑战,只有树立科学的价值观,才能全面正确地认识自己、他人和社会,才能在认识和改造世界的过程中取得成功。

本辑共20分册,具体内容如下:

1.《学生身体素质教育》

根据中小学生参与体育状况调查发现,学生身体素质呈现持续下降的趋势。针对学生身体素质下降的状况,必须要让体育课落到实处,且要加强开展学校课外体育活动的力度,充分调动广大学生参与课外体育活动,从而提高学生的身体素质,使学生的身心得到健康发展。同时,探寻学校学生身体素质下降的根源,从而提高他们的身体素质。

2.《学生心理素质教育》

本书的各位作者拥有多年从事心理健康教育和研究的经验,为此,我们运用心理学的基本原理,从同学们的需要出发,编写了本书,它主要包含上面提到的自我、人际、学习、生涯等几个方面的内容。希望同学们能通过本书的学习,掌握完成这些任务的战略与技巧，为你们的长远和可持续发展提供力所能及的帮助。

3.《学生观念素质教育》

不同的人对同一事物产生不同的看法，本来是很正常的事情，但如果不同学生的观念差异太大，甚至"针锋相对"，就不能不让人琢磨一下。本书就学生的观念素质教育问题进行了系统而深入的分析和探讨，并提出了解决这一问题的新思路、可供实际操作的新方案，内容翔实，个案丰富，对中小学生、教师及家长均有启发意义。本书体例科学，内容生动活泼，语言简洁明快，针对性强，具有很强的系统性、实用性、实践性和指导性。

4.《学生道德素质教育》

道德素质是人的重要内涵，它决定着人的尊严、价值和成就。良好道德素质的培养，关键在青少年时期。为培养学生形成良好的行为习惯，提高道德素质，只有建立学校、家庭、社会三结合的"立体化"教育网络，才能最有效地促进学生道德行为的养成，全面提高青少年的素质，促进青少年的健康成长。

5.《学生形象素质教育》

我们自尊我们自信，我们尊敬师长，我们自强我们自爱，我们文明健康。青春就是一次又一次的尝试。身处在这个未知的世界，点滴的前进，都是全新的体验，它点亮中学生心中的那片雪海星辰。新时代的中学生用稚嫩的双手创造一个又一个生命的篇章。让我们用学识素养打造强而有力的翅膀，让我们用青春和梦想做誓言，让我们用崭新的形象面向世界。

6.《学生智力素质教育》

教学中学生正是通过语言符号和非语言符号，学习知识、技能，在吸取人类智力成果过程中，使自己的智力得到锻炼和发展。指导学生智力发展应贯串于教学过程的始终。备课、钻研教材、上课、答疑、辅导、组织考试、批改试卷和作业都应当分析学生思维的过程，考虑发展思维的教学措施。

7.《学生美育素质教育》

美育是培养学生全面发展的教育方针的重要组成部分。美育又称审美教育或美感教育，是培养学生正确的审美观点以及感受美、鉴赏美和创造美的能力的教育。美育是实施其他各育的需要，美育是全面发展教育的重要组成部分，它渗透在全面发展教育的各个方面，对学生身心健康和谐地发展有促进作用。

8.《学生科学素质教育》

教育应面向全体国民，以提高国民素质、提高学生科学素养为目标，为学生的终身发展打下基础。本书以培养小学生科学素养为宗旨并依据新课程标准编写。学生通过本书的学习，能知道与身边常见事物有关的浅显的科学知识，了解科学探究的过程和基本方法，保持和发展对周围世界的好奇心和求知欲，逐渐养成科学的行为习惯和生活习惯，形成敢于创新的科学态度，培养爱科学、爱家乡、爱祖国的情感。

9.《学生创造素质教育》

创造才能是各种能力的集中和最有价值的表现,人类社会文明都是创造出来的,所以只有具备创造才能的人,才是最有用的人才。一切发达国家都非常重视青少年创造才能的培养。培养创造才能要从教育抓起,要从小做起。

10.《学生成功素质教育》

本书旨在让学生认识到成功素质教育的重要性。成功素质教育的目的和意义在于:激发学生对于成功的欲望和追求;让学生了解成功素养的内涵和相关解释;通过开展积极有效的成功素质教育,激发学生潜能;让学生自发主动地参与成功素质的行为,由被动转为主动。

11.《学生爱国素质教育》

祖国是哺育我们的母亲,是生命的摇篮,我们应该因为自己是一个中国人而感到骄傲。学校要坚持抓好学生的爱国主义教育,使他们从小热爱祖国。"祖国"一词对小学生来说,比较抽象,因此,他们对学生进行爱国主义教有,注意从大处着眼,小处着手,引导学生从身边具体的事做起。

12.《学生集体素质教育》

一个国家如果没有团结稳定的局面是不可能繁荣兴盛的;一个集体如果没有精诚合作的精神是不可能获得发展的;一个班级如果集体观念淡薄是不可能有提高进步的;一个人如果不加强培养集体意识,他是不可能被社会所接纳的。集体意识的培养对每个学生来讲是至关重要的。学生只有在校园就开始提高自己的集体协作意识,才能在将来的工作中游刃有余,才能让自己的前途得到更好的发展。

13.《学生人道素质教育》

人道主义精神与青年成长的关系非常密切,既关系思想意识上的完善,又关系知识面的拓展。为进一步切实加强青少年的思想道德建设,建议教育部制定切合实际的教育纲要,将人道主义教育纳入中小学生课程。本书从人道主义精神的培养入手,规范未成年人的行为习惯,使他们真正成为合格的接班人。

14.《学生公德素质教育》

社会公德作为人类社会生活中最起码、最简单的行为准则,是和广大人民群众的切身利益密切相关的,是适应社会和人的需要而产生的。它对人们的社会生活具有特殊且广泛的社会作用。每个社会成员都应该自觉遵守社会公德。社会公德是衡量一个国家全民素质水准的重要标志,抓紧对青少年进行社会公德教育,既是推动社会进步的奠基工程,也是社会主义精神文明建设的一项战略任务。

15.《学生信念素质教育》

加强公民道德建设,在全社会树立中国特色社会主义的共同理想和信念,加快构建传承中华传统美德、符合社会主义精神文明要求、适应社会主义市场经济的道德和行为规范。未成年人是祖国未来的建设者,加强和改进未成年人思想道德建设尤其重要。理想信念教育是培养公民素质的本质要求,把学生培养成为热爱社会主义祖国，具有社会公德、文明行为习惯的遵纪守法的公民是我国德育工作的主要任务。在德育体系中，理想信念教育处于核心地位，是德育研究的重中之重。

16.《学生劳动素质教育》

劳动素质教育是向学生传授现代生产劳动的基础知识和基本生产技能，培养学生正确的劳动观点，养成良好的劳动习惯的教育。本书旨在培养学生正确的劳动观点和良好的劳动习惯，使学生掌握初步的生产劳动知识和技能。

17.《学生纪律素质教育》

依法治国已成为我国治国的方略。我们正在建设社会主义法治国家，纪律法制在社会生活中的作用越来越重要，因此进行纪律法制教育也就十分必要了，对青少年学生尤其如此。青少年时期正好是一个人世界观、人生观、价值观的形成时期，在此时加强纪律法制教育，有利于帮助他们掌握应有的纪律法制知识，增强纪律法制意识，提高自觉遵守纪律法制的自觉性，养成良好的遵纪守法习惯。

18.《学生民主法制素质教育》

在推进依法治国，建设社会主义法治国家的进程中，加强对青少年的法制教育，促进青少年的健康成长，我们负有不可推卸的历史责任。为此，本书对当前青少年犯罪的现状、特点、成因进行了调查，对如何进一步加强青少年法制教育和预防青少年犯罪的方法作了一些探索，具有很强的系统性、实用性、实践性和指导性。

19.《学生文明素质教育》

礼仪是一种修养，一种气质，一种文明，一种亲和力，它是人际交往的通行证。青少年是祖国的希望，是 21 世纪国家建设的主力军。培养他们理解、宽容、谦让、诚实的待人处事和庄重大方、热情友好、礼貌待人的文明行为举止，是当前基础教育和学校德育工作的重点之一。将主题宣传教育活动、文明礼仪知识普及活动、日常行为规范教育活动紧密结合起来，培养学生文明行为举止，抓实抓细，必定卓然有效。

20.《学生人生观素质教育》

当代的中学生是跨世纪建设有中国特色社会主义的主力军，他们的人生观如何，关系到他们的本质是否能够得到全面提高，关系到我国社会主义大业的兴衰。因此，学校必须加强对中学生进行人生观教育。在校学生是我国社会生活中被寄予厚望的最重要的群体，他们的人生观变化是社会变化的晴雨表。人生观不仅影响他们个人的一生，而且对国家的前途、命运产生相当大的影响。因此，学校必须加强对中学生进行人生观教育。

由于时间、经验的关系，本书在编写等方面，必定存在不足和错误之处，衷心希望各界读者、一线教师及教育界人士批评指正。

编者

目　录

第一章

学生信念素质教育的理论指导

1. 理想信念的含义及特点

什么是科学的理想信念？如何树立科学的理想信念？

理想信念对一个人的成长具有价值导向、动机激发、路径依赖的功能，对一个民族具有凝聚人心、聚集力量、激发斗志的功能。当代中国正处在社会转型时期，经济结构和价值取向呈现多样化的特征，形形色色的追求和奋斗表象令人眼花缭乱，有的人成功了，有的人失败了，有的人百折不挠，有的人灰心丧气，其经验教训令人深思。什么样的理想和追求才是科学的、正确的，什么样的信念才是伟大的、崇高的，身处构建社会主义和谐社会和全面建设小康社会时代背景下的当代大学生，应当如何选择和树立科学的理想信念，这些问题需要在理论和现实层面得到解答。

科学的理想信念的含义及特点

在中国古代社会，理想被称为"志向"，是一个人对未来的向往、追求和所要达到的目标。一个人有没有理想或志向，理想或志向是否高远，关系着人一生的成长、成人、成才。要真正地认识、理解理想的内涵，还应该给予它科学的定义。一般来说，理想是建立在理性基础之上、以客观可能性为内在依据的、关于未来的美好构想、设计和愿望。科学的理想必须建立在正确的理论和客观现实基础之上，具有潜在的真实性。人总是生活在希望之中，希望是与人的生命共在的，理想根源于社会存在，又高于社会现实，是对已有社会现实的一种超前性认识和预见，包括生活理想、职业理想、道德理想和社会理想。理想是人的一种希望，但不是所有的希望都能称为理想，因为希望可能是遐想、幻想、空想、狂想。理想虽然指向未来，但理想的根必须扎在现实之中，具有客观性，符合一定的规律性，因而具有实现的可能性。而遐想、空想是随心所欲的主观想象，其产生不具有客观性，只是存在于人的意识中，不可能转化为现实。当人接受教育，阅历增加，能够基本把握自己，正确认识自己，认识自己与周围人的关系，认识自己所承担的社会责任，并且为自己确立近期和远期的人生目标的时候，就标志着人的成熟。

科学的理想具有社会的制约性。人的社会性决定个人理想要以社会需要为前提和归宿，个人在确定自己的人生理想、人生目标的时候，要有大局观念和集体主义精神。个人理想的实现离不开社会和他人所提供的条件。社会越发展，经济越发达，文明程度越高，为个人理想的实现所提供的机会就越多，条件就越好，领域就会更宽广，个人理想与社会需要的一致性就越大。

科学的理想具有进取的超越性。现实社会存在着许多不尽如人意的地方，存在着许多矛盾和冲突，这些境况会影响到一个人理想价值的追求和实现。对此，是随波逐流、降低理想层次呢，还是坚持自己做人的标准、超越社会的弊端，这对每一个人来讲都是一个严峻的考验。人要想有所追求，就要有超越社会弊端的勇气。只要认准事物发展的方向，把握事物发展的规律，就不会为金钱、权势、舆论以及个人的生死、荣辱所左右，最终会战胜困难，实现理想。

科学的理想具有务实的阶段性。不同时期确立的目标，应该符合实际，且具有前瞻性。这些目标实现的过程应有可操作性。理想是一个总的目标，要达到这个总目标，不能一蹴而就，必须经历若干阶段的努力。既着眼未来，从长计议，胸怀大志，又脚踏实地，持之以恒，从现在做起，才有可能实现理想。

信念是人们在一定认识基础上确立的对某种理论主张或思想见解及理想追求坚信无疑并要努力身体力行的精神状态，是人的意识的一部分，是个体通过后天参加社会实践活动而产生的，是对大量形形色色的思想、理论、理想进行鉴别和选择的结果。信念包括认

识、情感、意志三个要素，是这三个要素的融合和统一。信念有科学和非科学、正确和错误之分，因而对人生和社会所起的作用也是大相径庭的。科学的信念应当建立在对事物发展客观规律正确认识的基础上，符合辩证唯物主义和历史唯物主义的要求。人如果有了对自然界、人类社会和思维发展客观规律的正确认识，就为自己从事科学研究和社会实践提供了前提。加上积极的、肯定的情感介入，这种理论有了真正被接受的基础，在实现这种理论所导引的理想追求时会产生坚定不移的进取状态，于是在人的内心就产生了这种信念。科学的理论基础保证了信念的正确方向。

科学的信念具有稳定性和执著性。对对象的一般认识由于认同而内化为信念，经历了感情深入后，不仅具有了理智上的坚信不疑，而且得到了情感上的强烈支持，因而获得远比一般认识高得多的稳定性。信念一旦形成，就会持久地起作用，乃至终生不渝。

从以上分析可知，理想信念基于其建立的理论基础是否正确而有性质相反的两大类型。科学的理想信念必定建立在正确的理论基础之上，这类理想信念符合事物运动和发展的客观规律，从而对社会实践起到积极的促进作用。在多种多样的理想信念中，政治上的理想信念是核心，它对其他的理想信念起统率和支配的作用。当前，在政治上，最重要的就是树立中国特色社会主义的共同理想，确立马克思主义的信念。

当今时代，各种思潮相互激荡，价值取向多样化，一些人思想上出现了注重个人主义、忽视集体主义，注重实惠、忽视理想，注重索取、忽视奉献，注重享受、忽视奋斗的倾向；一些人把在市场经济条件下强化了的金钱观念、享乐观念、个人利益观念推向极端，滋长了资产阶级的人生观、价值观，产生了"搞市场经济还要不要谈共产主义远大理想"的疑问，甚至认为马克思主义已经过时。西方敌对势力对我国的"西化"、"分化"也动摇了一些人的理想信

念，他们认为，"共产主义理想是远的，马克思主义政治是空的，权力技术是硬的，黄金美钞是实的"，"要放弃远的，丢掉空的，掌握硬的，大捞实的"。这些言论和现象，对党的指导思想和科学的理想信念形成了很大的冲击，反映到校园里，就是部分大学生缺乏远大理想与抱负，产生理想信念上的虚无主义、功利主义。

对此，我们务必要高度重视和注意。要通过开展多途径多渠道多形式的教育活动，从理论与实践的结合中纠正对理想信念的错误认知，旗帜鲜明地倡导和培育对于中国特色社会主义的共同理想和马克思主义的坚定信念，使这种崇高的理想和科学的信念成为当今时代的最强音，成为大学生的精神家园和精神支柱，指导和引领大学生健康成长。

2005年4月，上海10所高校大学生思想政治状况的滚动调查表明，大学生的政治态度日趋理性化，具有较强的爱国热情。94.71%的大学生认为，在未来，我国综合国力将显著增强，国际地位将进一步提高。87.95%的大学生认为，我国的经济能够持续、快速、健康发展，对党和政府一年来的各项工作总体评价较高。认为落实科学发展观能推动中国社会可持续发展的为77.18%，处理外交关系取得较满意成绩的占74.71%。政治观念成熟，相比2004年有49.61%的大学生同意"社会主义和资本主义逐步趋同"而言，2005年这一比例为37.26%明确表示不同意的为40.22%。同意"中国共产党有能力把自身建设好"的为81.51%，同意"中国共产党是社会主义建设核心"的为88.82%，同意"必须坚持马克思主义在我国意识形态领域的指导地位"的为67.54%。

这个调查结果表明，当代大学生的理想信念的主流是积极向上的，对共同理想、社会主义、马克思主义和中国共产党的认同度比较高，有利于我们进一步开展并深化大学生的理想信念教育。

树立中国特色社会主义的共同理想

中国特色社会主义的共同理想，就是把我国建设成为富强、民主、文明、和谐的社会主义现代化强国，共同理想是指引全国人民团结一致、共同奋斗、争取胜利的一面旗帜。要实现共同理想，就必须有领导力量和组织力量，有规划和途径，有坚定的信心和坚忍的意志。在当前，树立中国特色社会主义的共同理想，需要把握以下三个方面。

（1）坚定对中国共产党的信任　我们正在从事的建设中国特色社会主义的事业是伟大的全新的事业，没有坚强正确的领导核心是不行的，没有忠诚可靠的组织保证也是不行的，这个领导核心、这个组织保证就是中国共产党。建设中国特色社会主义的关键在于党的领导。

因此，要引导和教育大学生坚定对中国共产党的信任，积极支持和参与党领导的社会主义现代化事业，认同党制定的路线、方针、政策和纲领，在思想追求和政治取向上向党靠拢，争取成为当中的一分子，不被当前社会上出现的某些腐败和失误现象遮蔽自己的认知和判断，看不到本质特征和发展趋势，从而动摇自己对中国共产党的信任。

2003 年 12 月 31 日，中共中央印发了《中国共产党党内监督条例〈试行〉》和《中国共产党纪律处分条例》，这两个条例是反腐败的锐利武器，表达了我们党对反腐败的坚定信心和实际行动。中国共产党能够跳出历朝历代从生气勃勃走向腐败衰落的"周期率"。须知，在中国，只有共产党才能救中国和发展中国，必须坚持、加强和改善共产党的领导。这既是历史的选择，即中国从半殖民地半封建社会向新民主主义社会和社会主义社会转变这一历史进程对领导中国的政治核心力量的选择，又是现实的证明，特别是改革开放以来中国特色社会主义建设实践的证明。

历史的选择只是必要条件，还不是充分条件。因为历史上的正确并不等于现实中的正确，过去先进不等于现在先进。人们判断一个党，往往是看它现实的路线、方针、政策能否给人民带来真正的幸福。美国有线新闻电视公司报道了中国共产党取得的十大成就，包括：经济发展、经济改革、提高素质、国家统一、军事实力、国际影响力、社会福利和医疗保障、教育、科学技术、体育，这表明中国共产党的领导能力和执政成绩得到了世界的公认。社会主义现代化建设是前无古人的全新事业，这个全新的事业具有独创性、复杂性、风险性、艰巨性的特点。面对西方实施的"分化"、"西化"图谋和国际激烈竞争态势，要求必须有坚强、正确、有力的领导力量来领导中国人民不畏艰险，勇往直前。

中国共产党是中国工人阶级的先锋队，同时也是中国人民和中华民族的先锋队，以实现最广大人民的根本利益、建设中国特色社会主义为自己的历史使命，全心全意为人民服务是党的根本宗旨，党具有思想上、政治上、组织上、作风上的优势和能够自我调整、自我完善的特点。只有中国共产党才能带领中国各族人民建设中国特色社会主义、实现中华民族的伟大复兴。

（2）坚定走中国特色社会主义道路的信念　要实现共同理想，必须走中国特色社会主义的道路。中国特色社会主义道路，就是在中国共产党领导下，立足基本国情，以经济建设为中心，坚持四项基本原则，坚持改革开放，解放和发展社会生产力，巩固和完善社会主义制度，建设社会主义市场经济、社会主义民主政治、社会主义先进文化、社会主义和谐社会，建设富强民主文明和谐的社会主义现代化国家。对这条道路要有坚定的信念，在理性认知、情感和意志倾向三个方面给予认同。中国特色社会主义道路是基于社会历史发展规律的正确选择，具有巨大的优越性。社会主义作为一种高于资本主义的社会理想，经历了由理论到现实的社会制度、由幼年

时期到逐步走向成熟的历史进程。

社会主义在其发展进程中经历了四个时期：

一是社会主义从空想变为科学，科学社会主义创立和传播的时期；

二是社会主义从理想变为现实，确立社会主义制度的时期；

三是社会主义从一国实践发展为多国实践的时期；

四是社会主义通过改革，逐步从幼年走向成熟，社会主义制度逐步完善和巩固的时期。

这个历程表明，20 世纪社会主义制度的建立和发展是新的时代产物，是历史的必然。同时，作为一种新的社会制度的生长过程，它经历曲折坎坷、局部失败和暂时倒退，都是不足为怪的历史现象。对此，我们既不必惊慌和悲观，又不能掉以轻心。我们要善于通过总结经验，深化改革，解决社会主义发展中面临的新问题，牢牢把握社会主义的本质，坚持科学发展观，努力构建社会主义和谐社会，实现全面建设小康社会的战略目标，充分体现中国特色社会主义的优越性，用事实和成就坚定人们走中国特色社会主义道路的信念。在当代中国，坚持中国特色社会主义道路，就是真正坚持社会主义。

（3）坚定实现中华民族伟大复兴的信心　实现共同理想也就是实现中华民族的伟大复兴，实现共同理想的规划和行动也是实现中华民族伟大复兴的规划和行动。中华民族在人类几千年的文明史上，曾长期处于领先地位。但在近百年来，内忧外患，从泱泱大国沦为落后国家，与西方发达国家拉开了很大的距离。我们要正视这个差距，珍视今天的发展机遇，坚定民族自尊心、自信心和自豪感，努力学习现代科学技术知识，立志攀登科学高峰，掌握建设祖国的过硬本领，自觉的与社会主义现代化建设事业同呼吸、共命运，在自己的岗位上努力学习，辛勤工作。做到了这些，我们就一定能够实现中华民族的伟大复兴，争取对人类做出更大贡献，再创中华民族新的辉煌。

确立马克思主义的信念

马克思主义是中国特色社会主义的理论基础，也是形成和实现共同理想的理论基础。要确立马克思主义的信念，就必须旗帜鲜明地批驳"马克思主义过时论"。邓小平说"不要认为马克思主义就消失了，没用了，失败了。哪有这回事！我坚信，世界上赞成马克思主义的人会多起来的，因为马克思主义是科学。"任何理论体系的产生都有其特定的历史条件和时代背景，马克思主义也不例外。

英国政治家莫尔在 1516 年发表《乌托邦》一书，构想了人类社会发展的理想蓝图，为科学社会主义的创立提供了有益的思想材料，但它停留在伦理道德层面，具有空想性质。

到了 19 世纪，欧美主要资本主义国家相继从工场手工业阶段过渡到机器大工业阶段，资本主义制度存在的历史局限性更充分地暴露出来。于是，马克思主义应运而生，为认清资本主义制度的实质提供了最具说服力的崭新论断，为在扑朔迷离的社会发展迷雾中探索最为理想的未来蓝图提供了科学的理论指南。

马克思、恩格斯最重大的理论贡献就在于他们在研究和探索人类社会发展的历史规律的过程中，创立了剩余价值学说和唯物史观这两大理论体系，从而为社会科学提供了科学的立场、观点和方法，为人们观察和分析历史现象与现实问题提供了一个坚实的理论基础。

因此，我们说马克思主义是真理，并不仅仅因为马克思主义为我们指出了资本主义必然被社会主义所取代的历史必然性，而且在于马克思主义在分析问题时所坚持的科学态度和运用的科学的分析方法，已经经历了历史、理论和实践的检验。我们确立马克思主义的信念，就应当认真学习马克思主义理论，尤其要在掌握马克思主义的立场、观点和方法上下工夫。

在构建理论体系时，马克思主义创始人肯定了资本主义代替封建

主义的历史进步性。但资本主义社会仍然是一个剥削社会，其固有的生产社会化与生产资料私人占有制之间存在不可调和的巨大矛盾。

当前，南北差距的扩大、强权主义、霸权主义、不公正的国际经济政治秩序等问题和现象，都是这个固有矛盾的不同表现。诚然，资产阶级在解决其面临的各种矛盾和问题的过程中，推行一系列改良措施，使资本主义的生产力得到巨大发展。第二次世界大战以来，新技术革命浪潮兴起，发达资本主义国家的产业结构、阶级结构、社会结构普遍发生了一些变动，实行所谓"资本民主化"、"管理民主化"、"生活福利化"、"劳动人道化"、"雇佣终身制"等等。

同时，资本主义国家呈现出垄断资本、中小资本等多种所有制并存的态势，在社会再生产的运行机制、国家调节以及国际垄断和竞争等方面，也出现了不同于资本主义上升时期的情况。资本主义社会呈现出一种相对稳定和繁荣的局面，从目前发展态势来看，资本主义还可能有较大发展空间。

认真分析资本主义社会发生的这些变化的实质及历史真相，不难看出，这些变化同新一轮科技革命浪潮带来的巨大冲击有关，同发达资本主义国家仰仗其科技、军事、经济优势对广大第三世界国家推行新殖民政策，从而以更加隐蔽的形式对这些国家加大经济掠夺和剥削、政治控制和文化侵略有关。资本主义的雇佣劳动关系即资本家和工人之间的剥削关系并没有发生任何实质的变化，只是这一关系更加稳固而已。

"白领阶层"人数的增加，工人生活水平的相对提高，也没有改变资本家榨取剩余价值的实质。新一轮科技革命浪潮的兴起，不可能从根本上解决资本主义固有的各种矛盾，资本主义社会依然弊病丛生，不断产生出威胁人类社会生存的包括战争、社会畸形发展在内的一些致命因素。

当20世纪即将结束的时候，英国广播公司在全球范围内举行过

一次"千年思想家"网上评选，结果得票高居榜首者是马克思。据新华社伦敦 1999 年 12 月 29 日电，在千年交替之际，西方媒体纷纷推出自己评选的千年风云人物，马克思在多家西方媒体评选千年风云人物的活动中名列第一或第二。在东欧剧变、苏联解体、世界社会主义出现严重曲折的情况下，这些评选结果不能不令人深思。马克思主义历经一个半世纪风霜雨雪的考验，始终充满活力，主要原因是这一理论是严谨科学的，其鲜明品质是与时俱进。马克思主义虽然诞生于 19 世纪，但没有停留在 19 世纪；它虽然产生于欧洲，却传遍世界。

无论是敌视者的攻击和诽谤，还是误解者的质疑和责难，都不能阻挡马克思主义前进的步伐。我们要正确认识和全面把握马克思主义，以对马克思主义的坚定信念和科学态度，在建设中国特色社会主义的实践中发展马克思主义。

2. 小学生理想信念教育

儿童正处在身心发展的关键时期，他们天真活泼，好动、好强、好胜、好奇，学习动机，学习兴趣，学习意志，学习能力，自我修养等方面都处在幼芽时期。正确的引导，良好的教育氛围是他们身心健康发展的重要保障。有利于他们在将来的成长中逐步树立正确的世界观、人生观和价值观，提高他们爱国主义、集体主义、社会主义的思想觉悟，成为一名有用的人。

良好行为习惯是学生实现自主发展的需要。在二十一世纪科学技术迅猛发展的今天，知识经济，知识爆炸已成为人类发展的主流，人类为了适应社会的发展和需求，就要不断地学习，不断地充实自己，不断用知识来武装自己，实现活到老、学到老的终身教育。

理想信念薄弱

少年儿童是祖国的未来，他们正是学知识、成品质、长身体的关键时期。学校为他们创造更好的环境，让他们从小养成良好的行为习惯和道德品质，学会学习，学会生活，学会做人。使他们今后不管走到哪里、不管干什么，都具有健康的心态，积极进取的精神，不怕困难、不怕挫折的坚强意志。使他们终身受益，永远立于不败之地。为他们人生发展储备一笔可贵的财富。

现在的孩子，他们生活在无忧无虑、衣食富足的家庭里，大多数孩子除了爸爸妈妈的疼爱外，还有爷爷奶奶、外公外婆的溺爱，使他们养成了贪玩好耍，不思进取的不良习惯，生活上只图舒适，缺乏目标，学习上懒惰，没有吃苦精神。多数孩子自私、任性、以自我为中心，缺乏一种推己及人，推己及物，爱人爱自然的博爱精神。养尊处优，有一种强烈的优越感，甚至具有某种破坏欲和攻击欲。对人态度冷淡，缺少爱，不关心别人，对长辈不够尊重，没有礼貌。这些孩子情绪波动大，想干啥就得干啥。不顾及别人，为所欲为，我行我素，往往自私而不自立，任性而又懦弱，好强而缺乏意志。学习生活中，不善于控制自己的情绪，约束自己的言行。做事不认真，懒懒散散，随随便便。缺少责任感，他们怕脏、怕累、怕苦，做事常常虎头蛇尾，半途而废。

小学生理想信念薄弱的一个重要原因是社会网络教化的正面作用弱化，负面作用强大。

二是学校理想教育重视并且擅长静态的概念定义，但是在个人行为和理想目标的过程联系和工具价值方面缺乏系统的教材、教法和教学体系准备，这样的教育可以应付考试，可以形成审美意义上的向往，但是不会成为真正的人生奋斗目标。

三是现在学生的理想信念有向世俗化转变的倾向，但是又缺乏世俗化所要求的竞争意识、实力意识、机遇意识、合作意识。由此

形成的是缺乏责任意识和责任能力的个人主义，这样的个人主义还称不上世俗化的个人主义。

四是现在学生对于正统理想观念的偏离不是证伪意义上的理性见解，而是一种欠缺抽象思维能力的情绪化反应。

加强理想信念教育

理想信念教育是学生思想道德建设的灵魂。在新形势下，加强小学生道德教育首先要抓住理想信念这个根本。具体做法是：

（1）开展诚信教育 我们在小学生中开展了诚信教育活动。在活动中我们坚持崇德求实、关注情感、关注生命、促进每一个学生的健康发展的工作方针。给诚信教育活动注入时代的内容。坚持把诚信教育与落实行为规范相结合，与社会教育、家庭教育相链接，与养成教育相融合，为学生开拓了诚信高雅的文明世界，互助互爱的人际世界，优美善良的心灵世界。

（2）确立远大志向 树立和培育正确的理想信念，在教育实践中，广泛进行历史教育与国情教育，用浅显易懂的语言和实例引导学生正确认识社会发展规律，正确认识国家前途和命运，把个人成长、进步同中国特色社会主义伟大事业，同祖国的繁荣富强紧密联系起来，为担负起建设祖国，振兴中华的光荣使命做好准备。

小学生是未成年人队伍的主体和重要组成部分，加强和改进未成年人的思想道德建设，对学校而言，说到底就是有针对性地对小学生进行思想道德教育，坚定理想信念，培养德、智、体、美全面发展的合格小学生，为他们的健康成长打下坚实的基础。这是教育工作者义不容辞的责任。

（3）激发学生兴趣 在对小学生进行理想教育时，应从发展学生的兴趣入手，开展各种活动，使理想教育渗透在各项活动之中，通过各种活动，激发学生兴趣、培养学生能力、拓展科技创新精神，不断进行全面系统的理想教育，结合学校、社会、家庭等实际召开

"理想教育"的班会,利用各种宣传形式进行理想教育,从而使小学生树立一个正确的远大理想。

(4)道德规范教育　道德规范教育是形成理想信念的准绳,在道德规范的教育方面,认真贯彻《中小学生守则》,以《小学生日常行为规范》为准绳,制定其相应的班级规章制度,让学生的一举一动,一言一行都受到道德规范的约束,并逐步养成良好的品德行为习惯。

(5)荣辱观教育　在学生中树立起党的伟大形象,祖国的伟大形象,把新旧中国进行鲜活的对比,从而让他们了解中国的过去,且看中国的今朝,展望中国的宏图未来,增强学生对祖国对民族的自豪感,荣誉感和责任感,做到爱党,爱国,爱人民,树立一个为党为祖国为人民而读书的远大理想。

理想和目标

总而言之,理想是人们对有可能实现的未来的向往和追求,理想教育的目的就是通过宣传教育的手段,帮助人们树立积极的奋斗目标。小学阶段是富于理想、选择生活道路的良好时期,培养小学生正确的学习目的,建立社会主义的共同理想,鼓励成才,激发他们积极向上的愿望和志向,鼓励努力创新,积极进取的精神,让他们展开双臂载着那金色童年的梦想快乐地翱翔在蔚蓝的天空,将那美好的童年梦想变为真正的现实。

加强自信心的教育

(1)唤起自信心　前苏联教育家赞科夫曾经这样比喻:"我们面前有一块土地,土质不好,而且掺着碎石子,在农夫的眼里,它没有提供起码收成的希望。可是来了一批地质工作者,进行了一番勘探后,结果在地下深处发现了巨大的宝藏"。它给我这样一种启示:每个学生都是一个鲜活的生命个体,每个人身上蕴藏着巨大的不可估量的潜力,从不同的角度看,他们都有成功的希望和成功的

潜能，都能在多方面成功。

所以，我们要善于赏识学生，尊重差异，对每个学生的评价语言都应以正面鼓励为主，通过简洁、中肯的评价，满足学生的成就感，唤起学生的自信心。让学生切实感受到教师对他们的了解和重视自己的优秀。同时，还要积极创设各种机会，促使学生发现自己，看到自己的力量。

（2）产生自信心　我们应该用发展的眼光看待学生，立足学生原有基础、已有水平，选择适中的内容和目标。如果目标太高，内容难度大，学生感到困难，多次努力，还是没有收获，几经挫折，学生就会丧失信心，学习情绪下降，从而产生厌恶情绪。反之，目标太低，不能让学生产生求知欲，学生也会产生不良情绪。选择适中的目标，让学生不断地获得成功的体验，通过获得多次成功的体验来提高他们的学习动机和自信心。

因此，教师要针对学生个体差异，选择难易适中的内容，根据内容制定不同的目标，使不同层次水平的学生能够完成自己的目标，从而产生成功后的喜悦感，形成积极心理，相信自己的能力，产生自信心。

（3）增强自信心　成功是学生学习急需的动力。适当的成功和失败都可以增强后继学习的动机，一次或多次的成功会成为学习动机的激活剂。当学生学习取得成功时，可以使学生产生满足、快乐、自豪等积极的情绪体验，从而增强学习的信心，提高学习兴趣，产生一种"好了还要好"的自我激励、自我要求的心理，成功是促使其进一步学好的内部诱因。

因此，教师要根据学生的兴趣、爱好，组织开展各种活动，设法让不同层次水平的学生在活动中展示才能，获得成功体验，享受成功喜悦，同时转化为进一步学习的强大动力。

如学校组织作文竞赛、象棋大赛、卡拉 OK 大赛等活动，从中

推出合适的人选，给予他们锻炼自身，发展自我的机会。这种切身的情感体验，让学生觉得"我能行"！从而，在困难面前，坚信自己有能力去克服困难，并调动一切积极因素去战胜困难。

（4）树立自信心　人的情感受行动的支配，而人的激情又将反过来支配人的行动。杰贝尔曾说："孩子需要榜样甚于批评"。的确，榜样的力量是无穷的。利用儿童崇拜英雄，模仿力强的特点，教师可以有针对性地从中选取具有深刻教育意义的生动事例介绍给学生，并注意引导、帮助他们得出正确的结论，为增强其自信心提供活生生的依据。

在榜样的示范中，教师要以身作则。众所周知，小学生的向师性，模仿性较强。因此，在培养小学生自信心的过程中，教师要积极发挥自身的榜样示范作用，无论是课堂还是课后，工作还是生活，大事还是小事，都要以充满自信的良好形象为学生做出榜样。同时要热情指导家长转变教育观念，家长的态度直接关系到学生自信心的建立，要让家长对子女采取信赖、欣赏的态度，对子女的缺点错误要及时指出，多用鼓励式的语言，对子女不说泄气话，更不说讽刺挖苦的话。教师要了解和掌握培养学生自信心的方法，营造良好的课堂气氛，注重自身自信心的养成，以教师的理想、追求、品格和行为对学生施加积极向上、健康有益的影响。

运用榜样示范法，将一些抽象的教育理论具体化、形象化。榜样法运用得当，可以使学生正确认识自己的潜力，从小不畏艰难，勇于面对现实，相信自己通过努力一定会获得成功。在具体做法上，既可列举成功的正面事例，也可列举一些虽有优越的天赋条件和良好的成才的外部环境，但是由于自信心不足而导致自己打败了自己的反面事例，来证明自信心对一个人的成功或成才有着十分重要的作用。

（5）培养自信心　苏霍姆林斯基在《给教师的建议》一书中说："我总是竭尽一切努力使学生相信自己的力量。"每一个小学生

都有获得成功的需要和潜能，我们要积极为他们创造体验成功的机会，帮助他们不断增强自信心，全面发展自己健全的人格。

①多给小学生交流的机会　赞可夫认为儿童有一种交际的需要，他们想把自己的见闻和想法说出来，跟同学、老师交流。为了给每个学生创造平等交流的机会，在质疑问题、全班交流中，允许他们不举手自由发表意见。这种交流不仅加大教学的密度，提高教学的训练性、交际性，而且互相启发，活跃思想，满足了小学生的精神需求，让他们获得了成功的情绪体验，增强了自信心，也促进了课堂教学的优化。

课堂教学要提高质量，就要让小学生真正成为主人投入学习，健康地进行语言、思维、情感的交流。教师要自觉地和小学生心理换位，站在小学生的角度多想想。只有教师的真诚和宽容，才能使教学过程成为师生积极情感交流的过程，才能帮助小学生不断增强自信心。

②开展丰富多彩的活动　运用成功教育的活动性原则，以活动为中心，积极开展适合小学生自身发展的丰富多彩的活动，使他们的潜能得以真正地展开与实现，从而不断增强他们的自信心。如通过开展"找闪光点"，"优点轰炸"等活动，让学生了解自己的优点与长处，增强自信心；通过开展"巧手创造"、"小报评比"、"百词比赛"、"明星评比"、"读书竞赛"等活动，为更多的学生提供相互学习的机会，让许多平时默默无闻的学生脱颖而出，使同学们对他们刮目相看。通过开展活动，让学生根据自身的特点和自己的生活实际，挖掘自身的潜能，全心参与，全心投入，使自己的价值在活动中得到实现。

③建立"值日班长制"　在班级管理中，我们既要把小学生看作是管理的对象，又要把小学生当作管理的主体，以此增强他们的主人翁意识，调动他们的积极性、主动性，引导他们自己去思考，主动探索，自觉实践。值日班长要制定自己一天的管理目标，处理

一天内班级的大事小事，并且每天利用十几分钟对值日一天的情况进行总结，念"值日班长日志"。建立"值日班长制"，给小学生提供了一个体验成功的机会，小学生在学习管理中品尝到了苦和乐，自信心也随之得到了增强。

（6）肯定学生　自尊是意识中自我体验的核心，教师在评价、对待学生时，切忌笼统地下结论，切不可因一件错事或一次失败而以偏概全地评价学生，说他愚笨，说他不可救药、没有前途等等，因为这会极大地伤害学生的自尊心。内化他人的积极评价是自信形成的基本的心理机制。在学生的自我意识发展过程中，教师的态度往往是他们自我评价的重要标准和依据。当学生确定自己得到教师的肯定和尊重后，就会增强对自己的信心。

①不以考试分数评价学生　当前的考试存在诸多弊端，考试分数并不能全面地反映学生各方面的素质，单纯以考分高低评价学生是不全面、不公正、不客观的。

分数只是在一定程度上反映了学生掌握知识的状况，而不能完全反映学生的智力水平，更不能以分数高低来衡量学生的优劣。学生的年级越低，学习内容相对较简单，考试分数也较高一些。随着年级升高，学习科目增多，内容加深，考高分就不容易了，而且分数还与题目难易程度、覆盖面大小、学生的身体、心理状况等多种因素的影响有关。它给学生的自我评价带来片面性，对学生的自我观念的形成起错误的导向作用。

对于那些考分低而其他素质良好的学生来说，这种评价无疑会使他们自卑，变得看不到自己的长处；对于那些考分高而其他素质较差的学生，这种评价会导致他们盲目的自信。这种自信是盲目的、片面的，经不起社会的考验。当他们走向社会，由于自身素质不佳不能胜任工作时，他们原有的自信也会瓦解而变得自卑。

人的能力，除智力外，还有语言能力、交际能力、操作能力和

运动能力。我们有什么理由看到孩子的某次分数不高而失望呢？教师和家长可以帮助孩子认真分析试卷，总结学习情况，肯定其进步和优点，指出不足，并耐心启发孩子正确看待学习成绩。

②不揭学生的"短处"　不要揭学生的"短处"，避免让学生当众出丑。教师批评学生，是为了使其受到教育，而不是为了让他当众出丑。尽管我们教师掌握了学生的不少"短处"，虽然学生的年龄还不大，但千万不要揭他们的"短处"，尤其不能当众揭"短"。

因为当你触及学生的"短处"时，他就会产生一种戒备心理，觉得老师不信任他，如果让他当众出丑，就会严重伤害孩子的自尊心。对于性格内向、自尊心又特别强的孩子来说，很可能一次当众出丑会导致他终生颓废。

③不轻易做出坏的评价　尽管每个学生的聪明、智慧和天赋各不相同，但通过合适的教育，每个学生都有可能学到这种或那种本领，获得某些知识，取得某些成绩。苏霍姆林斯基说过："没有一个孩子是毫无才能的庸碌之辈。我坚信教育的巨大力量。"因此，我们必须尊重、信任学生，不轻易做出坏的评价。尊重学生不仅要承认学生的人格尊重和人格平等，而且要把每个学生看作是有独特价值和无限潜能的。只有尊重学生，积极评价学生，才能培养学生的自信。

（7）帮助学生　学生都有一种探求自己学业成绩成败原因的倾向，并力求做出因果分析，这种对自己学习行为及结果产生原因的推论就是归因，学生可以通过归因来认识、预测、控制自己随后的学习行为。国外的许多研究表明，在成功时多进行努力和能力归因，失败时多进行努力归因有利于个体自信心的发展和个体的自我发挥。

学生对自己学业成败的不同归因方式，会引起不同的认知、情绪和行为的反应，不同的归因方式会产生不同的效果。如果学生把失败结果归因于能力、任务难度等稳定性因素时，会对未来的成功

失去信心，期望降低。在各种因素中，能力和努力是两个最为主要的因素，把成功归因于能力，会引起自豪感和自尊感，有助于增强学生的自我效能感，进而有利于以后的学习和归因；把失败归因于能力，会损害自尊与自信，使学生容易放弃努力，进而产生习得性无助感，对学习破罐子破摔。可见，合理的归因可以增强自信与坚持性，而错误的归因会增加自卑与自弃。

指导学生对学习结果进行合理归因，就是要让学生树立这样一种信念：只有努力才有可能成功，不努力注定要失败。要引导学生把成功归因于自身内部因素，以使他们体验到成功感和自我效能感，进一步增强今后承担和完成任务的自信心。同时，应预防学生将失败归因于能力等稳定且不可控的因素，因为这种归因方式会严重挫伤学生的学习积极性和自信心。当然，也不能让学生产生"成功只取决于努力"这种不现实的认识，应该让他们正确估计自己的能力，同时又认识到努力对于取得成功的重要作用。

(8) 挫折教育　成功与失败是完全相反的一对范畴。在学生的早期经验中，"成功"固然有助于建立自信，但是培养学生自信心的目的之一，是为了帮助他们正确的面对挫折与失败，以使其能在以后的工作、生活中，不至于因为一次乃至数次失败而气馁。对绝大多数的人来讲，人生之路绝不会一帆风顺，挫折和失败在所难免，甚至相比之下，逆境还可能更多一些。

挫折就像给人一种预警，它要求人用意志努力来勇敢面对，了解和探明学生挫折的根源，找出失败的原因，根据具体情况采取不同应对方法是教师和家长的责任。每个人都应该自觉地与内、外部困难做斗争，以提高自己的抗挫折力，力争成为生活、工作和学习的强者。通常人们会采取很多策略来锻炼与提高自己的抗挫折力。例如，改变周围环境，提高认识水平，调整自己的心态，宣泄不良的情绪等等。当然，最重要的还是要对挫折具有正确的认识，对学

习、生活及事业充满信心和希望，并增强自己克服困难的决心、毅力和勇气。

学校教师要创设一定的情境，使学生"品位"失败，引导他们在成功和失败的交织影响中明白这样一个道理：挫折和失败是人生必不可少的一个组成部分，可怕的不是失败，而是失败后丧失斗志，一蹶不振。只有那些能够不断超越和战胜自我，具有不屈不挠的奋斗精神的人，才有可能取得最后的胜利。

（9）集体力量　不论成人还是青少年学生都是社会的人，都渴望得到他人的积极评价。当他感到自己的存在受到集体的尊重时，他就会体会到一种真正的精神上的满足，自信就在他心里萌发了。青少年学生由对父母师长的遵从转向对同辈集体的遵从，同辈集体即班集体对学生的自我观念具有巨大影响。学生极其渴望得到班集体的认可与赞许。

集体的力量是无穷的，一个良好的班集体具有良好的班风，学风，能促使学生健康、蓬勃地发展。教师应努力建立良好的班级集体，坚决制止同学之间的嘲笑，挖苦，讽刺等不良行为。应鼓励同学之间互相尊重，互相欣赏，互相鼓励。

综上所述，自信心是小学生健全人格形成的基础，是个体的身心健康得到发展的有利保证。培养自信心是一个漫长的、循序渐进的过程，其途径和方法也是多种多样的，我们要不断地探索与研究，帮助小学生正确的认识自我、悦纳自己，从而以充满自信的心态去迎接新生活的挑战，以实行理想信念教育为目的。

3. 未成年人的理想信念教育

当前我国未成年人思想道德状况总体上是好的。热爱祖国、积

极向上、团结友爱、文明礼貌是当代中国未成年人精神世界的主流。但是，国际国内环境的深刻变化，使未成年人思想道德建设出现许多新情况、新问题，面临严峻挑战。对外开放的不断扩大，为我们学习世界先进文化提供了重要机遇，同时腐朽文化通过各种途径加紧对未成年人进行渗透，资本主义腐朽生活方式对青少年的影响不能低估。

互联网等新兴媒体以及网吧和各类文化娱乐场所快速发展，为我们开拓了知识的新领域，丰富了文化生活；同时，含有色情、暴力、赌博、愚昧迷信的腐朽落后文化和有害信息乘隙传播，严重腐蚀未成年人的心灵。社会上一些领域道德失控、诚信缺失、假冒伪劣、欺骗欺诈活动滋生蔓延，一些地方封建迷信、邪教和黄赌毒等社会丑恶现象沉渣泛起，以权谋私等消极腐败现象屡禁不止等等，也给未成年人成长带来不可忽视的负面影响。

面对新的形式和任务，未成年人思想道德建设工作还存在许多不适应的地方和待加强的薄弱环节。一些地方和政府部门的领导对这项工作认识不足，重视不够，研究不深，关爱不足；全社会关心支持未成年人思想道德建设的风气尚未全面形成，社会所能提供的文化产品、活动场所还不能满足日益增长的文化需求，社会上还存在种种不利于未成年人健康成长的社会环境和消极因素；学校教育中重智育轻德育、重课堂教学轻社会实践的现象依然存在，推进素质教育的任务艰巨，教师职业道德建设有待加强；随着对外开放进一步扩大和市场经济深入发展，人员流动空前活跃，一些家庭放松了对子女的教育，一些家庭在教育子女特别是独生子女的观念和方法上存在误区。

未成年人思想道德建设在体制机制、思想观念、内容形式、方法手段、队伍建设、经费投入等方面还有许多与时代要求不相适应的地方。

在这种大的社会环境的影响下，导致部分未成年人中间出现了理想信念淡薄，人生目标不明确，精神空虚，在校得过且过，自私自利，集体主义观念淡薄，做事被动，同龄人之间攀比成风，追求名牌、讲究享受、功利性强。由于科技的发展部分同学整日沉湎于网吧，无法认真学习科学文化知识，因上网吧需要钱、网络游戏不健康等因素；在不良行为和社会风气的影响下，如赌博、贪污腐败、欺诈行骗、恃强凌弱等；影视媒体和不健康的书籍、音像制品的负面影响，引发了盗窃、抢劫等违法犯罪案件。

未成年人不仅是祖国未来的建设者，是中国特色社会主义事业的接班人，他们更是一个国家和民族的财富。他们的健康成长，关系到国家和中华民族的伟大复兴。因此，从国际国内的形式分析，加强对未成年人进行理想信念教育，帮助他们树立正确的世界观、人生观、价值观，使他们将理想牢固建立在对社会发展客观规律认识上，建立在马克思主义的科学基础上，不论遇到多复杂的情况、多艰难的局面都能坚定、清醒、自觉地为实现我们的理想奋斗。从小立志努力学习现代科学文化知识，使他们胸怀宽广、思路开阔、目光远大、奋发向上，为振兴中华建设现代化贡献自己的力量。

理想信念，理想是价值观念的一种基本形式，即理想、信念等共同构成一个人的价值观念，是价值观念的具体化。

理想，是人们对事物的最高追求，它是具有科学根据的，符合事物发展规律，并能通过一定努力而能达到的希望和目标。因此，理想也是一种动力，人们为了实现理想，不惜一生甚至几代人的不懈努力。

信念，即人们对某种现实或观念所持的信任态度。人们对于事业的最高信念就是理想。所有的信念并不一定能成为理想，但是，理想确是一种坚定的、强化的信念。

理想是目标，是灯塔，是人们的精神支柱，人不能没有理想，没有理想的生命，等于没有灵魂。理想又分为个人理想和社会理想，个人理想即对个人价值的最高要求；社会理想即对社会价值的最高要求。人们对这两种追求越高尚，信念越坚定，整个社会进步就越快。

教育和引导少年儿童树立中国特色社会主义的理想信念。引导学生正确认识国情、观察社会，增强明辨是非的能力，正确认识个人命运和社会前途，始终保持昂扬的斗志和必胜的信心。

教育方法

（1）积极探究思想道德建设的规律　理想信念教育工作是学校德育工作和小学生思想道德教育的主要内容。学校应重视构建德育和小学生思想道德教育的内容体系。未成年人的个性不同、年龄不同、生活环境不同、智能组合等都可能会有所不同，因此，作为教育工作者应根据未成年人的各阶段的身心成长的特点来进行教育，不要"拔苗助长"，不要违背未成年人的生长规律，只有了解了未成年人的年龄特点进行教育才不会走弯路、走错路。进行理想信念教育时，要采取未成年人易于接受、喜闻乐见的方法。

（2）教学中渗透理想信念教育　针对当前学生的思想道德现状，不断改进教学形式和方法，用喜闻乐见、生动活泼的方式进行教学，把传授知识与陶冶情操、培养良好的行为习惯有效地结合在一起。充分发挥学科教学在学生思想道德建设中的主渠道作用，按照新课程的标准的要求，深入挖掘各科教材的德育因素，有意识地渗透德育内容，对学生进行潜移默化的教育，寓德育于各科教学中。对学生进行理想信念教育。

（3）体验理想信念教育中的作用　世界著名教育家苏霍姆林斯基说："道德准则，只有当它们被学生自己追求，获得亲身体验过的时候，只有当它们变成学生独立的个人信念的时候，才能真正成为学生的真正精神财富。"对于未成年人来说，让他们在体验中获得自身感受，并进行自我教育，是德育的重要目的和途径。

（4）实践活动进行理想信念教育　把理想信念教育同进行中国革命、建设和改革开放的历史教育及国情教育结合起来，通过形式多样、内容丰富的教育活动、实践活动，引导学生正确认识社会发展规律，正确认识国家的前途命运，把个人的成长进步同中国特色社会主义伟大事业、同祖国的繁荣富强紧密联系在一起，为担负建设祖国、振兴中华的光荣使命做好准备。

教育原则

（1）在教育观念上　要体现时代性，树立以人为本的观念，树立效益意识。不搞形式主义，发扬实事求是的作风，做学生的朋友，即是把握学生的思想动态，有针对性开展理想信念教育，不断提高工作实效性。晓之以理、动之以情，尊重人、理解人、关心人，以情感人、以事明理、以活动育人。

（2）在教育内容上　要体现层次性，根据年龄层次，开展分层教育。在低年级中讲故事，在高年级中讲规范，让大多数的小学生都有爱国、正义、自立、创新的价值观念，有进取心和责任心。

（3）在教育途径和目标上　要体现整体性，构建学校、家庭、社会三位一体的理想信念教育的立体网络模式，互为补充，互相配合，形成合力，力求取得综合整体效应。发挥学校在教育中的主阵地作用，以各门学科渗透为主，以课外活动为辅，相互促进，并将对活动与学生的日常行为规范的要求相结合，开展学生基本道德养成教育。发挥家庭教育的辅助功能。

家长的道德水平直接影响孩子的道德观念的养成。发挥好家长学校、家长会的作用，指导家长以自己言传身教教育和引导孩子树立尊老爱幼、孝顺父母、勤劳节俭等意识，教会孩子为人处世的基本道理。

（4）在教育方法上　要体现多样性，坚持正面教育为主要教育手段。坚持实践育人的手段。把理想信念教育内容通过学生喜文乐

见的生动活泼的艺术形式体现出来，寓教于乐，取得事半功倍的
效果。

4. 中小学生理想信念教育

理想教育是应该的，但理想不是空中楼阁，而是很现实的。

对中小学生进行理想教育，远大理想是应该的，但也应该要进
行一些近阶段的理想教育。如果一味的求大求远，不会有什么好的
效果的。有了奋斗的目标就有了动力。有理想，奋斗才会有具体明
确的目标，未来生活才会有美好的希冀。找个伟人作目标，借鉴它
的好处，祛除他的缺点，例如你喜欢毛泽东，你就要学习他的精神
和睿智而不是他的刚愎自用，然后就思考怎么超越他，有理想才会
向着理想奋斗，才会努力完成理想。

首先，开展各项活动，激发学生兴趣，树立正确理想。

从发展学生的兴趣着手

开展各种活动，寓理想教育于各项活动之中，使学生通过活动，
既激发兴趣又培养能力。笔者在开展活动对学生进行理想教育时，
充分发挥语文科任教师的作用，动之以情，晓之以理，声情并茂对
学生进行全面系统的理想教育，并结合我校和社会实际，加强学生
的人生观教育和"八荣八耻"社会主义荣辱观教育，同时，利用辅
导时间召开"前途理想教育"课，如：在与学生娓娓讲述周恩来
"为中华之崛起而读书"的轶事时，趁势利导，问：你们为什么而读
书呢？你们的理想是什么？通过学生不同的回答：为自己、为父母、
为老师，想做老师、想当医生、想入伍当解放军等等，再进行引导
教育，让学生明白学习是自己的事，从小树立远大理想，并持之以
恒坚持不懈，总会有实现梦想的一天，且无论从事何种职业都是为

国家做贡献，为人民谋福利。采用各种形式，如自我演说、小组讨论、日记作文等让学生畅所欲言，大谈特谈自己的理想及如何通过勤奋好学实现自己的远大理想，并且使学生的理想付诸行动，为将来为国争光、参加国家建设打下坚实的基础。

用榜样教育法加强理想信念教育

小学生的认知特点，是以形象思维为主，认识事物看大不看小，看近不看远。所以，采用榜样教育法不但要形象具体，而且要注意个性差异。例如：引导学生以某个英雄、模范人物或生活中接触到的他（她）所崇敬的人或课本教材中的某一人物作为自己追求的理想，引导学生结合自己的兴趣爱好和特长来树立理想。爱好唱歌跳舞的学生让其希望自己将来能成为歌星、歌唱家、舞蹈家；爱好数学的学生以将来当一名工程师、科学家作为自己的理想。

其次，通过道德规范教育来促进理想信念的形成。道德规范的养成，对树立远大的社会理想起着举足轻重的作用。

（1）要注意学生道德规范的教育　在道德规范的教育方面，笔者认真贯彻《小学生日常行为规范》和《小学生守则》，并根据其制定相应的规章制度，使学生的言行都能受到一定的道德规范的约束，逐步养成了良好的习惯。

（2）进行"八荣八耻"的荣辱观教育　通过召开专题报告会，用党的发展史，用中华人民共和国的发展史，对学生进行教育。在学生中树立起党的形象、祖国的形象、人民的形象，使学生产生自豪感、荣誉感和责任感，做到爱党、爱国、爱人民，树立全心全意为人民服务的思想，从而把人民的需要作为自己的理想。

最后，鼓励学生脚踏实地，为实现理想而努力奋斗。

①知　在教育中让学生知道理想信念是高于现实的东西，美好的理想信念转化为现实，需要经过努力，经过奋斗，不想努力，不愿奋斗，理想信念永远只是空想，毫无意义。

②做　教育学生为实现理想而努力应脚踏实地，从现在做起，从小事做起。不肯做小事的人，难以成就大事业。所谓"不积跬步，无以至千里"，"一屋不扫，何以扫天下"，"细节决定成败"就是这个道理，让学生明白实现明天的理想要与今天的学习、锻炼相结合起来。

③懂　要让学生懂得：理想的实现不会一帆风顺，会遇到各种各样意想不到的困难和挫折，只有以一种坚韧不拔的精神去面对困难和挫折，以顽强的毅力去冲破艰难险阻，才会达到理想的彼岸。

总之，对小学开展理想教育的目的，就是通过宣传教育的手段，帮助学生树立积极的奋斗目标，充实学生的学习生活和个人生活。理想教育要从不同阶段、不同对象的实际出发，选择不同内容、不同方式进行。要通过教育，使学生感到所追求的理想不是虚无缥缈之物，而是经过努力能够实现的现实，从而坚定对理想的追求。

小学时期是富于理想、选择生活道路的时期，对小学生进行理想教育，在时机上要从小开始，在方式上要从具体问题开始，在内容上要把远大理想与现实条件结合起来，重点进行社会主义共同理想的教育，培养小学生正确的学习目的，鼓励他们立志成才。通过理想教育，引起小学生积极向上的愿望，激发小学生实践创新的兴趣，焕发小学生努力奋斗的热情，改变小学生的生活态度、生活方式，使之成为我们改变农村家乡面貌、建设伟大祖国的强大动力。

中学生理想信念教育

高远的理想就像黎明前的启明星一样给夜行者指明前进的方向，坚定的信念会给人以非凡的勇气、胆略和力量，而正确的价值观对于人们的实践活动、以及人生选择、人生道路具有巨大的导向作用。因此，确立正确的理想、信念、价值观是青少年健康成长必不可少的精神因素。那么，当代中学生应当如何确立正确的理想、信念呢？

（1）用理想点燃生命之火　每个人心中都有梦想，特别是在自

己童年时代，虽然年龄还小，但对自己的未来却充满着美好的憧憬和向往。这就是我们人生的最初理想，是人生最宝贵的精神财富，千万不可丢弃和遗失。但是，随着年龄的增长，加上现实中遇到的挫折和困难，这一梦想对于有些同学来讲非但没有得到强化，相反，在严酷的现实面前慢慢地在淡化、在消失。这不能不说是人生的最大损失。

因此，寻找最初的梦想，并不断地调整、充实和完善，使之成为人生不断追求的理想是当代青少年学生的一门必修课。人一生的生命不过七、八十年。每位同学从现在起就要立足于现实，放眼未来，对自己的人生进行一次初步的规划和设计。既要充分想象自己未来的人生是怎样的光明和辉煌，又要考虑为了使这一美好的理想转化为现实当下应当怎样行动。同学们可以以"二十年后的今天"为主题，描绘二十年后的社会面貌，畅想自己二十年后在做什么工作？生活状况怎样？同学、朋友、父母等情况。在畅想和追寻中逐步确立自己的人生理想。用理想点燃生命之火，这样的生命因理想而精彩，也会因理想而成功。

（2）用目标为自身加油鼓劲　理想的特点是高远、美好、朦胧，而目标的特点则是具体、清晰、实际。理想需要目标来充实、支撑，目标是通往理想的阶梯。只有高远的理想，而没有具体的目标，这种理想就变成了空想。

因此，每位同学一定要在自己的人生理想的引领下，根据自己的实际情况，确立每个阶段不同时期的奋斗目标。中考、高考是人生的转折点，每个面临中考、高考的中学生，可以以此为契机，把考上一所自己心目中喜欢的高中或者大学作为自己的奋斗目标。

通过报刊、网络、电视等媒体了解这所学校的具体情况，还可以和老师、家长一同亲临该校，进入校园参观、考察，感悟校园文化，以激发自己跨入这所学校深造的愿望。榜样有着激励人们前进的无穷的力量。每个同学可以确立一位伟大人物、先进典型人物作为自己学习的榜样。古今中外在历史上出现了无数个对人类、对社会有杰出贡献的人物，在他们的身上有着取之不尽的精神财富，有着用之不竭的精神力量。学习他们的事迹，就是为我们的人生不断地加油充电。

在同学们身边，也有着许多值得我们学习的先进典型。我们可以确立一个本班同学作为自己学习上的竞争对象，促使自己刻苦学习，在下次考试中争取超越他。还有的同学可以确立"为三十岁成就事业而奋斗"的具体目标，以此来激励自己。

（3）用格言强化意志信念　在人类历史的长河中无数优秀人物留下许多感人肺腑的事迹，同样，人们也在传诵着许多催人奋进的名言警句、格言宣词。读起这些格言，一种人的尊严感和崇高意识会油然升起。只要长期坚持阅读，名言警句里蕴涵的丰富思想就会内化为人的信念，变成人的意志，外显为人的行动。这些名言警句就像一盏盏明灯，照亮着我们的心灵世界。

①每周一次宣言　学校或班级统一撰写激发学生热情的"学生宣言"，每周利用十分钟时间以班级为单位集体宣读誓言。宣读誓言时要求全体同学全身心投入其中，整齐响亮，读出激情，读出效果。长期坚持，必然会内化为自己的信念意志。

②每日一条格言　由班级同学轮流选择一句自己喜欢的格言，用正楷抄写在黑板右侧，让全班同学阅读欣赏。利用课余时间与同学交流对这一格言的感受。

③每人一张座右铭牌　自制一个"座右铭牌"，写上班级竞争对象的姓名，崇拜的伟大人物，自己的奋斗目标，以及激励自己发奋图强的名言警句。

最好的教育是自我的教育，最强大的动力来源于学生自己的内心深处。只要我们持之以恒地追寻理想，树立目标，坚定信念，我

们的人生就会绽放出美丽的生命之花。

5. 青少年理想信念教育

作为新世纪的青年，在复杂的外部环境下，能否加紧自身的学习和修养，能否在各种复杂政治思潮和各种利益冲突的情况下，坚定政治信仰，站稳自己的立场，把握前进的方向，才是坚定理想信念的关键所在。要加强青年的理想信念教育，应结合青年特点和时代特点，从以下四方面着手：

树立正确理想信念

加强理想信念教育，最重要最根本的是要解决理论指导的问题。要构筑青年一代正确的理想信念，要坚持用马列主义、毛泽东思想，特别是邓小平理论和"三个代表"重要思想教育和武装青年，坚持对青年进行党的基本路线、方针、政策的教育，帮助青年解决好理想信念问题，树立正确的世界观、人生观和价值观，使正确的理论成为青年强大的精神支柱和思想武器，使青年坚定对马克思主义的信仰，对共产党的信赖，对建设有中国特色社会主义和推进国有企业改革和发展的信心。

强化理想信念教育

青年理想信念教育要力戒枯燥、单调、填鸭式的灌输方式，要善于结合时势，以青年易于接受的方式进行，才能达到举一反三、事半功倍的效果。如今年"七·一"是我们伟大的党诞辰84周年的纪念日，我矿团委抓住这一有力契机，在团员青年中广泛开展"庆七·一诗歌朗诵比赛"等系列活动，组织团员青年回顾党的不平凡的发展历程，让团员青年从多层次全方位深刻感受到我们今天的幸福生活是多么的来之不易，我们的党是多么的光荣和伟大。成功地进行了一次爱国主义、集体主义和社会主义教育，使青年自觉地把个人利益和党与国家的前途命运紧密相连，把爱党、爱国、爱社会主义同爱岗敬业紧密相连，自觉地抵制拜金主义、享乐主义、极端个人主义的腐朽思想的侵蚀。

加强理想信念教育

利益关系问题与每个社会成员息息相关，我们要把理想信念教育的立足点建立在关心青年成长成才，为青年谋利益基础上。随着改革的深入和市场经济的发展，人们的"大锅饭"局面被打破，利益关系发生重大调整。要积极引导青年正确认识和对待眼前利益和长远利益，把个人的理想、前途、利益自觉融入国家、民族和企业的利益中，坚持反对个人利益至上，金钱至上的心理，切实从青年关心的问题出发，努力帮助他们争取更多的学习、深造、锻炼的机会，帮助他们解决生活、工作等方面的实际困难，切实从他们的利益出发，为他们的成长成才服务，让他们真正感受到个人的利益是与国家、企业的利益紧密相连的。

引导青年建功立业

理想信念并非唱高调，喊口号，它在现实生活中是具体的，有着极其丰富实在的内涵。邓小平同志曾指出"贫穷不是社会主义，社会主义要消灭贫穷和落后！"江泽民总书记在"三个代表"的重要讲话中指出"我们党要成为中国先进社会生产力的发展方向、中国最广大人民的根本利益的忠实代表……"由此可见，努力发展社会生产力，服从并服务于经济建设这个中心，是理想信念在实践中的最好体现。

我们要引导青年一代将理想信念落实到实际行动中。要树立必胜的信念，理解改革、支持改革、投身改革，坚定不移地坚持党的路线、纲领。以青年创新创效工程、青年突击队活动为载体，引导青年在自己的岗位上勤奋工作，勇于创新，大胆实践，建功立业。

6. 高职学生理想信念教育

理想信念教育是一个系统工程，需要家庭、学校和社会三方面的配合，形成合力。

强化理论教育功能

理论教育有强大的思想教育功能，在加强大学生理想信念教育过程中，要强化理论武装工作，用科学理论武装学生，用优秀文化培育学生。要组织学生学习马列主义理论，毛泽东思想和邓小平理论，为大学生理想信念形成提供理论前提。

（1）改进教学方法优化教学手段　提高"两课"教师的政治理论水平，坚持理论联系实际，紧紧贴近高职学生的思想和生活、贴近国家和社会的实际。要经常研究学生关心的热点问题，研究学生对人生价值、理想信仰的基本认识以及他们的思想需求和变化规律，有针对性地对学生进行马克思主义人生观和价值观的基本理论教育，帮助他们化解人生道路上遇到的困惑和矛盾，真正发挥"两课"的育人功能。

（2）渗透理想信念教育于教学中　通过职业道德、职业理想教育，引导学生树立正确的择业观，帮助学生顺利就业、创业。

利用学生业余"党校"、"团校"、"干校"，加强学生党员、团员、学生干部思想政治教育、理想信念教育，发挥学生党团员、学生干部的先锋模范作用和引领作用，树立榜样，以先进带动后进。

（3）发掘教育资源加强思想教育　专业教师应把传授知识与思想教育结合起来，深入发掘各类课程的思想政治教育资源，在传授专业知识过程中加强思想政治教育。

确立实践育人理念

通过实践教学和实践活动，落实实践育人功能，实践是促进学

生实现由"知"到"行"转变的中介，把思想政治教育的基本要求转变为学生的基本信念和自觉行动，是高校思想政治教育的价值目标。对于高职院校，是培养生产、建设、管理、服务第一线需要的高等技术应用型专门人才的地方，实践育人更有针对性和实效性。因此，高职院校要确立实践育人的理念，通过实践教学和实践活动，实现实践育人功能。

（1）重视实践育人　创设实践环境，引导学生实现由"知"到"行"的转变。

（2）强化教学理论　在理论教学中要紧密联系国际形势，联系国内改革开放社会主义建设的实际，联系学生的思想实际和各种需要，为学生指路导航。

（3）开展教学实践活动　将实践教学编进教学计划和教学大纲，保证其实施。

（4）开展社会实践活动　建立管理机制。中共中央、国务院《关于进一步加强和改进大学生思想政治教育的意见》中指出："社会实践是大学生思想政治教育的重要环节，对于促进大学生了解社会、了解国情，增长才干、奉献社会，锻炼毅力、培养品格，增强社会责任感具有重要意义。"因此，学校要创新地开展与专业学习、技能训练、社会服务、勤工俭学、择业就业、创新创业相结合的社会实践活动，并建立管理机制，保证社会实践活动的实效性。

实现环境育人功能

（1）加强校园文化建设　营造好的育人环境，校园文化是学生成长的软环境，它潜在而又巨大的教育功效，对学生的影响是巨大的。一方面可潜移默化地影响学生的情操、意识和行为，另一方面会产生强大的心理制约力量，使学生自觉地约束自己，让自己的行为符合群体规范。所以学校要建设体现社会主义特点、时代特征和学校特色的校园文化，形成优良的校风、教风和学风，为大学生思

想政治教育、为学生成长成才营造好的育人环境。教育和引导学生主动参与校园文化建设，集全体师生之智慧，创建文化品牌，以"校训"教育人、激励人。

（2）加强校园网的建设　使网络成为弘扬主旋律、开展思想政治教育的重要手段。

（3）开展健康的活动　开展丰富多彩、积极向上的学术、科技、体育、艺术和娱乐活动，把德育与智育、体育、美育有机结合起来，寓教育于文化活动之中。形成届次化的各类活动，如：职业技能大赛、文化艺术节、英语节、主持人大赛、十佳歌手大赛等，寓教育于各项活动之中，让大学生参与其中得到情操陶冶。开展主题教育活动，如文明修身、心理健康、感恩教育、诚信教育、爱国教育、理想教育等。提高学生思想道德素质和政治素质，帮助他们树立正确的人生观、价值观，树立科学的理想信念。

（4）注重对学生的关怀　建立学校弱势群体保障体系，让家庭经济困难和学习、心理障碍及患有其他疾病的学生得到关爱和援助，帮助他们战胜困难，扬起理想的风帆。

利用国家环境育人

在我国历史的发展过程中，发生过许许多多的重大事件。从近代史的 1840 年鸦片战争到 1919 年"五四"运动，再到 1949 年中华人民共和国成立；从 1966 年的文化大革命，到改革开放 30 年的今天，期间的"大事件"都是对青年学生进行爱国教育、理想信念教育的活题材。

尤其是我们高职学生刚刚亲身经历的 2008 年这不平凡的一年，发生的大事件也不少，利用这些大事件、大环境教育引导学生，不失为环境育人的一条好途径。1 月的大雪灾、5 月的大地震中，全国人民众志成城，团结一心抗雪灾、抗地震的感人事迹，深深地教育和影响着我们的学生；北京 29 届奥运会的成功举办，表现出中国人

民的聪明、智慧、能力和力量，大大地激励、鼓舞和振奋着学生。因此，我们要善于利用现实生活中的重大事件，利用国家的大好形势去教育人、影响人，实现环境育人的目的。

高职学生是祖国未来的建设者，是中国特色社会主义事业的接班人，是一个国家和民族的财富，他们的健康成长，关系到国家和中华民族的伟大复兴。因此，加强高职学生的理想信念教育，帮助他们树立正确的世界观、人生观、价值观，使他们将理想信念牢固建立在为振兴中华而努力奋斗的目标上，将来真正成为我国特色社会主义事业的可靠接班人。

7. 青年学生的理想信念教育

一方面，学生希望更多地学习知识提高能力，以便将来找到一份理想的工作。另一方面，随着思维水平的提高，学生逐渐形成自己的理想信念，有独立的生活价值观和生活方式。西部青年学生在理想、信念、人生目的、金钱观、消费观、生活状态、休闲方式等上的差异，其客观因素是农村经济不发达，而主观上与青年学生的生活习惯影响的因素有关，年龄、性别也是重要影响因素。对于青少年学生生活观念的变化情况，既要及时进行客观分析，变化地正确对待，又要立足现实，从中发现问题，找出对策。

加强思想道德素质教育

提高生活价值观教育的实效性和科学性。历来教育提倡五德并举，德育为首，一位哲人曾说过这样一句话："如果只关注科技教育，而忽视道德教育，就如同把枪交到了强盗手里一样可怕"。因此，加强青少年学生的生活价值观教育，应该将思想道德教育放在首位，加强德育的前瞻性的研究。

生活价值观是人的现实生活的重要问题，也是制约成长发展的一个关键因素。从社会转型时期经济发展的特点、青少年学生自身状况、学校的教育现状以及学生发挥的作用出发，加强生活价值观教育十分必要。为此，学校要经常结合学生思想实际，及时了解学生思想现状和变化趋势，同时，以理论课为依托，加强学生的生活价值观念教育，制定相应的措施和对策，以现代科技及其成果为依托，丰富教学内容，提高生活价值观教育的实效性。

加强精神生活和闲暇生活的引导

闲暇的价值一方面在于休息娱乐，另一方面在于促进人的发展，健康的闲暇生活方式对提高人们的生活水平有着极其重要的作用。加强青年学生的闲暇生活引导和指导可以从学校教育方面进行，学校可以通过举办舞会、文艺汇演、运动会、书法鉴赏等培养师生的闲暇生活技能，同时大力加强基础设施建设，为闲暇生活方式的多元化提供物质支持。

同时研究发现，青少年学生经常上网的人数近八成，网络也成为闲暇生活的重要方式，这一方面极大地满足了他们闲暇时多方面的需求，上网娱乐、学习和信息利用已占主导地位。但另一方面，青少年学生上网交友、随便聊天、商务和谈恋爱的比例较高。对此，一方面应该加强网络行为的心理咨询和治疗，加强学生对网络的认识，构建学生网络偏差行为管理的运作机制；另一方面，要与德育工作联系起来，加强学生的网络道德教育，增强学生的网络自律意识。不仅要加强健康网络文化生活方式的指导，使他们及时从"看稀奇"中走出来，还要谨防因迷恋上网耽误工作学习，避免网上交友受骗和网络色情等不良现象和不良文化的影响。

加强精神文明建设中的教育

本研究发现，父母教养方式对子女在家庭发生争吵时的态度有显著影响，良好教养方式下的子女更多地采取体谅忍让和沟通交流

37

的方式应对家庭争吵，家庭对子女的生活价值观教育有着显著的影响。马卡连柯曾告诫家长："不要以为只是在你们同儿童谈话、教训他、命令他的时候，才是进行教育。你们在生活的每时每刻，甚至你们不在场的时候，也在教育儿童。你们怎样穿戴，怎样谈论别人，怎样欢乐或发愁，怎样对待敌人和朋友等，这一切对儿童都有着重要的影响"。由此观之，我们不仅要注意对孩子的管制，更要注意父母和其他代养人的言行对儿童的影响。根据社会学习理论，儿童早期的很多行为都是通过模仿来获得的，因此，父母及代养人的教育方式和日常生活方式等对儿童的行为有显著影响，应引起足够重视。

此外，还应该注意学校、社会在子女教育中的重要功能，并充分发挥个体的主观能动性。根据不同时期不同阶段，家庭、社会、学校和个人因素对个体影响程度的不同切实加强理想信念教育和社会主要精神文明建设。

8. 大学生的理想信念教育

胡锦涛总书记"在新时期保持共产党员先进性专题报告会上的讲话"中，概括了新时期共产党员保持先进性的基本要求，第一条就是要"坚持理想信念，坚定不移地为建设中国特色社会主义而奋斗。"在高等学校中，如何加强对大学生的理想信念教育，显得尤为重要。

理想信念是国家和民族生存、发展和振兴的精神支柱，是一个国家、一个民族的凝聚力和人们正确的世界观、人生观、价值观的体现。在社会主义市场经济条件下，部分大学生的理想信念发生了偏差，出现了一些模糊观念、消极思想。如何对他们进行理念教育，这是新形式下思想政治工作中十分重要的课题。高校思想政治课教育，要适应这些新变化，采用多种教育方式，加强教育的针对性和有效性。

在社会主义市场经济条件下，部分大学生的理想信念发生变化，加强大学生理想信念教育成为现阶段高校思想政治教育的核心内容，如何对大学生进行理想信念教育，这是新形势下思想政治工作中十分重要的课题。

突出实践的现实意义

以理想信念为核心，深入开展树立正确的世界观、人生观、价值观教育，是加强和改进大学生思想政治教育的核心任务之一。马克思主义理论是世界科学领域的重要思想理论成果，是集思想性、科学性、政治性为一体的思想理论体系，但在目前高校教学体系中生搬硬套地讲授、教条式地学习的现象，使学生失去了学习理论的兴趣。

通过改革教学内容和教学手段，使思想政治理论课教育洋溢着时代的精神和说服力，保持丰富的时代感和吸引力。用改革开放以来所取得的巨大成就教育大学生坚定社会主义信念。紧密结合思想政治教育的内容向大学生宣传我国发生的深刻变化，使大学生对社会主义有一个清醒的认识。

发挥传统教育的指导作用

艰苦奋斗是中华民族的传统美德。实际上，追求理想的过程，就是进一步确立和强化理想信念的过程。在新的历史发展阶段，缺少政治经验和社会生活经验的大学生，面对现实社会中的困难、矛盾或者个人抱负实现过程中的波折，往往对理想信念产生困惑、失望甚至抛弃理想信念而随波逐流，这充分说明理想信念教育必须与艰苦奋斗教育结合起来。我们要热情地引导当代大学生深刻认识国情，切实加强中国传统文化基本知识教育，积极弘扬和培育民族精神，培养大学生爱国情怀，始终与党和人民同甘苦，切实增强社会

责任感和历史使命感，坚定地为实现中国特色社会主义共同理想而奋斗。

提升理想信念教育的水平

人文素质体现了一个人的思想道德素养和理想信念的水平。人文素质对一个人道德素养的提高和坚定一个人的理想信念起着重要的作用。要加强对学生人文素质的教育，强调把科学精神与人文素质结合起来，积极引导他们进行人生目的、意义和价值的思考。在人文精神的熏陶下正确认识人生和社会，不断提高道德素养和理想信念的水平。可以在高校开设有关宗教知识的选修课，澄清学生对宗教的一些模糊认识，树立正确的理想信念。

营造理想信念教育的良好氛围

要抓好校园政治性文化建设。通过指导和扶持业余党校、团校，马列、邓小平理论学习小组，组织学生学习党的基本知识和建设有中国特色社会主义理论，以培养学生正确的世界观、人生观和价值观。要充分利用一些容易激发学生爱国热情的突发性事件对学生进行爱国主义教育，激励学生立志成才。要多组织学生观看重大体育比赛，培养学生的集体主义观念，增强学生的民族自豪感和爱国心。充分利用校报、学刊、广播、宣传栏等大众传媒进行理想信念教育。

培养服务奉献社会的意识

理想信念教育既是一个理论问题，又是一个实践问题。理想信念教育的实践活动可以是进行社会参观考察，如参观革命历史遗址和展览会，学习革命先烈为了民族独立，抛头颅、洒热血的献身精神和崇高理想。学习新时期共产党为建设社会服务活动而无私奉献的意识。让大学生在这些社会实践劳动中，感受社会需要、人间真性和国家建设的成就，了解肩上的责任，增强奉献意识，做一名有崇高理想和高尚道德情操的新时期的大学生。

大学生正处于理想信念形成的关键时期，正在对理想信念问题进行着深入的思考。广大高校教育工作者要联系社会生活的新实际，结合大学生思想的新实际，教育广大大学生树立远大的理想，坚定信念，自觉把自己的人生追求同祖国的前途命运联系起来。树立为祖国繁荣富强贡献青春力量的远大志向，为了实现中华民族的伟大复兴，放飞自己的理想信念，谱写辉煌壮丽的人生之歌。

9. 大学生应在生活实践中确立理想信念

理想信念是人们对未来的向往和追求，一旦形成，就会成为支配和左右人们活动的精神动力。一个政党，一个国家，一个民族，只有确立了共同的理想信念，才会有强大的凝聚力和向心力。无论过去、现在和将来，共同的理想都是保证革命和建设事业取得胜利的精神支柱和精神动力。

加强大学生理想信念教育事关中华民族伟大复兴。当今的国际经济和科技竞争，越来越围绕人才和知识竞争展开。以人才培养为突破口，努力提高本民族的科学文化素质，培植和发展知识和科技创新能力，是实现中华民族伟大复兴的关键所在。

大学生是拥有现代科学知识的人才群体，在未来经济发展中将发挥重要的作用。他们不仅比较系统地掌握了某一方面或某一领域的现代专门科学知识，是未来知识和科技创新的主体，而且拥有较系统的现代管理科学知识，毕业后将成为各部门或单位的骨干。当代大学生所肩负的历史使命决定了对大学生进行理想信念教育的极端重要性。

强化大学生理想信念教育是当务之急。大学生正处于理想信念成型期，思想活跃、自尊意识突出、成才愿望强烈。当前，虽然大

学生在理想信念方面主流是健康向上的，但是，伴随着经济全球化进程的日益发展，潮水般涌入的各种文化思潮和价值观念冲击着大学生的思想，某些腐朽落后的生活方式侵蚀着大学生的心灵。

高度重视各种消极因素对大学生理想信念的消解作用，大力强化大学生理想信念教育，不断加强马克思主义基本理论尤其是邓小平理论和"三个代表"重要思想的灌输，用共产主义理想统一思想认识，已是当务之急。

应当看到，近年来一些大学生在理想信念方面出现问题，甚至走上违法犯罪的道路，与一些地方、部门和学校对大学生理想信念教育重要性认识不足、重视不够、办法不多是密不可分的。一些地方、部门和学校面对越来越复杂的社会环境，不能形成全社会关心大学生理想信念教育的合力；学校理想信念教育实效性不强，与大学生的思想实际结合不紧，哲学社会科学的教材和教学内容滞后，缺乏吸引力和说服力；尤其是受应试教育影响，一些大学生在对待马克思主义理论的态度问题上采取实用主义态度，往往只是把理论学习的目的定位于拿文凭或考研提高考分，而不是在掌握马克思主义科学体系和精神实质上下工夫，未能牢固地树立马克思主义的世界观、人生观、价值观。

社会生活环境日趋复杂。当今时代，是一个伟大变革的时代，社会环境复杂多变。改革开放在促进我国社会主义生产力发展和整个经济社会发展的同时，也带来一些腐朽、消极的东西，使我们的社会呈现出多种思想观念并存的局面；由传统农业社会向现代工业社会变革、由计划经济向市场经济变革过程中，我国社会经济成分、利益分配、组织形式、就业方式以及人们生活方式日益多样化；经济全球化和网络信息时代给"黄、赌、毒、邪"等腐朽落后文化和有害信息的传播提供了便利，一些消极的、腐朽的、落后的东西沉渣泛起。

这种社会生活环境前所未有的复杂性，使人们对现实政策的评判、对社会与个人前途的期望发生巨大变化。大学生是一个容易为外界感染的群体，对市场经济的种种负面作用"免疫力"不强，自然更容易受到侵蚀。

独生子女性格特点独特。当前，我国在校大学生大多是独生子女，他们是在过多家庭照顾下长大的，有很强的优越感，缺乏人际交往的训练和艰苦环境的磨练。独生子女独特的生活环境使当代大学生一定程度上存在"一个中心"、"两个矛盾"、"三个压力"。一个中心就是以自我成才为中心；两个矛盾就是自我期望值高与现实实现率低的矛盾，对环境高要求与自身低奉献的矛盾；三个压力就是学习、生活、就业压力。尤其是生活压力，除了部分特困生外，主要体现为一些长期养尊处优的独生子女生活自理能力弱，面对挫折和新环境自我调节能力不强。这就使得原来比较直接的"理想目标"教育，对这代大学生难以发挥作用。

在这种情况下，我们必须努力增强大学生理想信念教育的感染力。首先，要在回答热点难点问题上下工夫。当代大学生思想活跃，视野开阔，对各种问题尤其是社会普遍关注的热点难点问题兴趣浓厚。

要增强教育的感染力，首先必须回答好大学生普遍关注的热点难点问题，努力提高他们学理论、用理论的兴趣。

其次，要在满足成长需求上下功夫。当代大学生越来越重视个性培养和自我设计，越来越看重自我价值的实现。

为此，必须热切关注大学生成长中的困惑，满足他们成长中对理想信念的需求。要在将大道理讲透的同时，将小道理讲深，让他们切实认识到理想信念教育一辈子受益，从而增强接受理想信念教育的自觉性和主动性。

再次，要在营造氛围上下工夫。当前，由于信息更加公开，传

播更加快捷，发泄情感的方式更加直白，大学生普遍关注的热点难点问题更加容易捕捉，思想脉搏也更加容易把握，大学生对网络的依赖性加强，给加强理想信念教育也提供了新的课题。

10. 在社会历史进程中加强理想信念教育

理想信念是国家和民族生存、发展和振兴的精神支柱，是一个国家、一个民族的凝聚力和人们正确的世界观、人生观、价值观的体现。在社会主义市场经济条件下，部分大学生的理想信念发生了偏差，出现了一些模糊观念、消极思想。如何对他们进行理想信念教育，这是新形式下思想政治工作中十分重要的课题。高校思想政治课教育，要适应这些新变化，采用多种教育方式，加强教育的针对性和有效性。现就对如何引导学生从认识社会主义与资本主义的历史发展进程入手来进行理想信念教育谈一点体会。

大学生理想信念教育及其意义

（1）内容　理想信念教育的内容涉及很多方面。《中共中央、国务院关于进一步加强和改进大学生思想政治教育的意见》将这一教育划分为两个层次：一是中国特色社会主义的共同理想信念，二是共产主义的远大理想信念。有学者指出，当前最突出的就是要加强"四信"教育，即马克思主义信仰教育、共产主义信念教育、社会主义信心教育和对中国共产党的信任教育。

（2）意义　大学生处在人生的一个特殊时期，同时又承担着重要的历史使命，在社会主义现代化建设中将发挥重要的作用，因此，大学生是加强理想信念教育的重点群体。对大学生加强理想信念教育，是中国特色社会主义事业发展和中华民族伟大复兴的必然要求，是目前国际国内形势深刻变化的迫切需要，是大学生健康成长的内在需求。加强大学生的理想信念教育，不仅对中国特色社会主义现代化建设事业具有重要的社会价值，而且对大学生个人具有不容忽视的个人价值：它能够促进大学生全面发展和个人的社会化，帮助大学生树立积极的人生态度，提高心理抗挫折能力，加强社会责任感。

当前大学生理想信念的状况

当代大学生理想信念的主流与趋势是好的，但也要清醒地看到，由于社会环境的变化和青年自身的特点，造成大学生不同程度地存在着政治信仰迷茫、理想信念模糊等问题。他们有的对思想理论学习不感兴趣，对国家政治、经济形式不了解；有的对国情缺乏认识，对国家历史和现实采取全盘否定的态度，不能对党和政府的各项决策作出客观、公正的判断，甚至走向消极和激进；有的学生迷失了政治信仰，动摇了理想信念。社会转型期，大学生理想信念教育面临的这些问题，无疑给思想政治课教师提出了新的挑战。

加强理想信念教育

认识是理想信念形成的基础。实践证明，理想信念教育不是空洞的说教，也不是板起面孔训人，要有理有据，以理服人。引导学生正确认识社会主义与资本主义发展的历史进程，能够帮助学生客观地分析社会发展规律，树立正确的历史唯物观，全面认识社会主义和资本主义两种制度的本质区别，一分为二地看待当前国际国内出现的一些问题，解开心中的一些疑问。以此作为前提，进一步进行社会主义理想信念教育。

（1）正确认识社会主义发展历程

①社会主义发展历程的回顾和总结　19 世纪中叶，社会主义理论实现了从空想到科学的跨越，出现了科学社会主义。1917 年，俄国"十月革命"的一声炮响宣告社会主义制度正式成立，实现了科学社会主义从理论到实践的伟大飞跃。20 世纪 40 年代到 60 年代，

社会主义革命从一国胜利发展到多国胜利，社会主义建设从一国实践发展到多国实践。随着社会主义阵营的不断壮大，社会主义事业稳步推进。但20世纪末，苏联解体、东欧巨变，这一系列重大事件在社会主义发展史上写下了沉重的一笔。

此时中国的社会主义建设与改革却凭借正确的韬略与勇气站住了阵脚，成为低谷中的社会主义运动的亮点。社会主义的发展史，就是一部在成功和挫折的交织中，在理论与实践的结合中，在理想与信念的指引下从空想到科学、从模糊到清晰的不断发展和深化的社会主义认识史。

放眼世界，立足中国。当代我国的社会主义现代化建设也正经历着曲折的过程。从社会发展历史进程看，我国社会主义建设还处在初级阶段。由于社会主义是一种崭新的社会制度，没有现成的经验可循，对于怎样建设社会主义，需要不断地实践、认识、再实践、再认识，在这个过程中就可能发生这样或那样的失误和挫折，但是社会主义无比的优越性和强大的生命力，是不以人的意识为转移的客观规律。苏联的解体不等于科学社会主义的失败，而是违背了科学社会主义的必然结果。社会主义并未因暂时的挫折失去光明的未来，中国特色社会主义生机勃勃的实践已有力地证明了这一点。

②对社会主义历史地位的正确认 社会主义国家的诞生和崛起是遏制世界战争的重要力量。在20世纪，资本主义、帝国主义追求利润和侵略扩张的本性已使人类蒙受了两次世界大战的灾难。俄国十月革命胜利后，苏维埃政府迅速宣布退出不光彩的战争，加速了第一次世界大战的结束。第二次世界大战中，社会主义的苏联充当了世界反法西斯战争的主力军。战后，苏联和中国又成为世界上抗衡和抑制战争的主要力量。冷战结束后，中国和其他热爱和平的社会主义国家一起，为维护世界和平做出了很大贡献。

社会主义国家对世界民族解放运动起了推动作用。社会主义国

家支持和鼓舞民族解放战争，掀起了世界民族解放运动的高潮，促使100多个国家先后摆脱帝国主义、殖民主义的桎梏而获得独立，加速了帝国主义殖民体系的彻底崩溃。

没有社会主义就没有改良了的资本主义。社会主义运动的蓬勃发展迫使资产阶级对其野蛮的资本主义制度作出改良以维持自身的生存，如建立现代资本主义国家的福利制度和社会保障体系等。

如果尊重历史，就不得不承认，社会主义推动了历史的发展，极大地改变了世界的面貌。

③对落后国家选择社会主义道路的认识　"为什么社会主义国家普遍比资本主义国家落后？"这又是大学生心目中的一个疑问。对于这个问题，应该从社会更替的规律来认识。人类社会的形态交替反复出现一种规律性现象，即后一社会形态从前一社会形态比较不发达的地方开始。封建社会代替奴隶社会、资本主义社会代替封建社会，都是在经济和文化落后的国家和地区首先实现的。这是因为，一种社会制度越成熟和发达，其经济基础和上层建筑就越稳固和协调，具体到社会主义革命而言，资本主义发达国家中革命的物质基础较为成熟，但革命的政治条件，尤其是主观条件却不易成熟。

这是资产阶级协调国内各种关系，通过海外扩张等手段缓和、转嫁国内矛盾的结果。相反，在经济文化相对落后的国家，虽然物质基础较差，但政治条件易于成熟。因为，这些国家社会矛盾异常尖锐，反革命力量相对薄弱，革命力量易于壮大。俄国和中国的革命实践都有力地证明了这一点。历史让落后国家选择了社会主义道路，也会促使其按照社会发展规律走上富裕之路。

对社会主义发展历程的正确认识只是坚持社会主义理想信念的一个方面，另一方面，我们还要正确认识资本主义发展的历史进程，全方位思考社会、历史发展规律，深化和坚定社会主义理想和信念。

（2）正确认识资本主义发展历程

①对资本主义发展史的回顾和总结 资本主义的发展，从 *1640* 年英国资产阶级革命算起，至今已有 *360* 多年的历史。二战结束后，欧美及日本等资本主义国家在摆脱了长期的衰退危机和战争困扰之后，经济得到迅速恢复和发展，进入所谓的"黄金时代"，引起人们的普遍关注，对此，我们要有一个正确认识。

②正确认识当代资本主义新变化 科技革命促使科学技术迅猛发展，成为影响资本主义国家经济增长和劳动生产率提高的主要因素，从而使资本主义国家经济获得较长时期的相对稳定和发展。

发达资本主义国家凭借其在全球化中的主导地位，向发展中国家转移社会矛盾、经济危机和金融风险，形成资本流向世界、利润流向西方的局面，促进了资本主义经济发展，缓解了其内部矛盾。

资本主义国家迫于生存的危机和压力，吸收和借鉴了社会主义的发展成果，采取了一系列改良措施。

首先，资本主义的所有变化都不是其固有矛盾的变化和消灭，至多是缓和阶级矛盾与社会危机的措施，而其本质依然如故。它的经济基础依然是资本主义的私人占有，生产资料私有制的性质并没有改变，生产社会化与生产资料私人占有的基本矛盾依然存在，资本主义社会的阶级矛盾、社会矛盾和经济危机的根源仍未被消除。

其次，在资本主义社会，一边是资产阶级财富的不断积累，一边是无产阶级贫困的不断积累，贫富的巨大悬殊，造成了资本主义尖锐的社会矛盾，而解决这种矛盾的办法，只能是进行社会主义革命。从这一角度讲，资本主义的发展过程，正是其自我否定的过程，资本主义的发展变化，也可看作是为向社会主义过渡而准备的社会因素。

（3）正确处理关系 全球化趋势首先是经济全球化的进程，是由资本主义发达国家发起、倡导并推波助澜而形成的世界潮流。对资本主义国家来说，推行经济全球化是其利益所在，是其本质使然。

同时，经济全球化又将资本主义的基本矛盾带到世界各地，在更广范围内和更高层次上造就否定自身的因素，加速其灭亡。

马克思恩格斯认为，生产力的普遍发展和世界交往的普遍发展是实现共产主义的两个必要前提。经济全球化的发展无疑是实现这两个前提的必要途径。它一方面促进了生产力的普遍发展，为实现资本主义向社会主义的飞跃奠定了物质基础，另一方面，经济全球化的发展又促进了世界交往的普遍发展，为社会主义取代资本主义准备了必要条件。

回顾历史，经济全球化的历程总伴有世界社会主义的发展。科学社会主义产生于以蒸汽时代、自由资本主义为特征的第一次全球化浪潮，发展于以电气时代、垄断资本主义为特征的第二次全球化浪潮。今天人类面临的第三次全球化浪潮，它以全方位的科技革命和国际垄断资本主义为标志，全面促进了生产力的发展，也必将引起科学社会主义的新突破。因此，全球化将通过社会主义、资本主义共存竞争的过程找到其最后归宿：全球社会主义。

经济全球化进程只是世界历史的一个侧面，社会主义国家应该以积极的姿态融入经济全球化大潮，以积极的心态辩证地认识和借鉴资本主义的优势，既要利用之又要防范之，坚守社会主义阵地。

通过以上分析，我们完全可以引导学生得出一个结论：资本主义必然灭亡，社会主义必然胜利。我们在任何复杂的情况下，都应该坚持、坚定正确的政治方向，不能误入歧途，动摇信念。

马克思主义理论课和思想政治课是对大学生进行理想信念教育的主阵地、主渠道，教育方法多种多样，我们要在实践中积极探索，勇于创新，将教育效果落到实处。

11. 在经典诗词中对学生进行理想信念教育

《沁园春·长沙》是高中语文中的经典篇目，具有穿越时空的魅力和生命力，尤其是词所蕴涵的思想性，对如何循循善诱地引导当代青少年接受德育教育，如何培养有理想信念、有真才实学、有奉献精神、有创新思维的社会主义新人，更有着独特的教育意义。

而新课程改革突出特征即要充分发挥学生主体性，因此，学习毛泽东的这首词，不仅要通过"读、背、赏、移"这四个主要环节引导学生赏析这首词的艺术性，更要让学生在经典诗词学习中得到理想信念教育。

理想信念教育是德育教育的重要内容。理想信念是不可战胜的，正如伟大长征的胜利就是理想信念的胜利。以正确的思想武装人，以正确的舆论引导人，以高尚的精神塑造人，更要以优秀的作品鼓舞人，因此，在指导学生赏析这首经典词作时，要抓住作品中传达的思想性，不失时机地对学生进行理想信念教育。

新课程改革突出特征即要充分发挥学生主体性。抓住"读、背、赏、移"这四个主要环节，引导学生赏析毛泽东的《沁园春·长沙》，并同时将理想信念教育贯穿其中。

（1）读 在阅读中把握词慷慨激昂的情感基调，俗话说："读书百遍，其义自现"。赏析本词，首先要多读。因为读不仅能培养语感，还有助于把握词的情感基调。当然，读也不是盲无目的地读，而要带着感觉去读。如何使读者与词人心意相通，站在词人角度读出词人情感？首先必须了解这首词的内容结构、写作背景及写作目的，从词人的创作背景、心态中去感知词的情感基调。

《沁园春·长沙》的题目包括词牌与词题两部分。词牌名"沁

园春"决定词的字数与结构。这是一首长调，也是一首双调，由上下两阙组成。而词题"长沙"揭示词的内容与主题，本词是作者重游长沙橘子洲，在满目秋色里回忆当年在长沙求学、闹革命的经历并借此来抒发内心的感慨与抱负。

词写于 1925 年，当时是国共两党第一次合作时期，反帝爱国的"五四"运动及"省港大罢工"相继爆发，湖南广东等地的农民运动也日益高涨。毛泽东作为湖南农民运动的主要领导人，虽遭到反动军阀的通缉、迫害被迫暂时离开长沙，但他的理想信念不动摇，革命意志不衰退，尤其在如何争取统一战线的领导权、主动权问题上，他据理力争，旗帜鲜明，毫不含糊。在曲折的革命道路上，他故地重游，不禁触景生情，抚今追昔，为坚定革命信念、增强革命信心而写下这首慷慨激昂、豪气干云的壮丽诗篇。

词的阅读包括默读与朗读：默读可快速理清行文思路；朗读可细致品味词的情感韵味。

当然，朗读要更快更好的出效果，须掌握一定的朗诵技巧，读出鲜明的节奏，读准韵脚和声调，根据内容确定轻重缓急，在清理行文思路的同时，感知作者的情感脉络。

此外，朗诵形式也要多样化，要在反复比较中才能彰显效果。通过学生自由朗读，常识划分节奏，圈出押韵字、重读字，把握语速快慢与情感基调；通过齐读让学生初步感知；播放录音带作示范朗诵，让学生在对比中自查区别，缩小差距，逐步融入词人的情感世界，从而把握整首词慷慨激昂的情感基调；通过学生个别朗诵正音并检验朗诵效果。

（2）赏　在赏析中感悟词人积极向上的豪情壮志，情由景而发，景因情而选，情因人而定。这首经典词作的艺术魅力和生命力，在于词的上下阙景中寓情、情中显志的完美结合之中。在词的赏析过程中，引导学生将词蕴涵的理想信念挖掘出来、加以领悟，是重中

之重。

词的赏析一般先找出典型意象，然后抓住关键词分析体会。双调间上下两阕的行文思路，一般是上阕写景、下阕抒情，本词也有相似之处。

上阕写景。看近景，有山之红、林之染、江之碧，有静态事物的色彩美；看动景，有舸之争、鹰之击、鱼之翔，有动态事物的强健美。"万类霜天竞自由"，这是一幅绚丽多彩、生机盎然的湘江秋景图。面对如此多娇而当时又如此多难的祖国河山，早年立志要有所作为的词人怎能无动于衷？"怅寥廓，问苍茫大地，谁主沉浮？"很显然，这里的"怅"，并非消极无能的惆怅与困惑，而是久经思索的发奋与呐喊；这里的"问"也并非茫然地求答，而是认识历史发展规律的必然选择，是革命者就要勇当引导人民前进的先锋战士。

如果上阕展示的是一幅湘江秋景图，那么下阕回忆的则是一幅长沙求学图。词人是借回忆往事达到抒情的目的。长沙曾经是毛泽东早年求学、进步、闹革命的地方。在这里，毛泽东首先重视学校小课堂课本知识的学习，以科学理论充实自己，在此基础上"携来百侣曾游"，同学结伴而行，接触优美大自然，面向社会大课堂，志存高远的抱负；在这里，毛泽东组织新民学会，创办《湘江评论》，学习和传播革命真理，"指点江山，激扬文字，粪土当年万户侯"；在这里，毛泽东"文明其精神，野蛮其体魄"，重视体育锻炼和革命意志力的磨炼，逐步练出"到中流击水，浪遏飞舟"的身体素质和胆识魄力；在这里，毛泽东从德、智、体多方面打下了投身革命、改造社会的良好基础；在这里，毛泽东稳健扎实地走出自己人生道路上和人才成长道路上至关重要的一步，实现了志存高远的大目标同脚踏实地地打基础的完美结合。

赏析整首词景中寓情、情中显志的写作特点，感悟词人积极向上的豪情壮志，可以引导学生以一幅对联来概括整首词的主题思想：

上联：忧国忧民忧天下

下联：求学求知求真理

横批：壮志凌云

一个人有理想信念，才会有精神支柱，才会有所作为。当时，毛泽东处于无职、无权、无钱的"三无"状态，但他有理想、有信仰、有毅力、有骨气，所以"身无分文、心忧天下"，胸有大志，能成大业。

（3）背　在背诵中找到作品催人奋进的力量。背诵本词，有利于加深记忆，更有利于加深对作品主题思想的理解，从中找到催人奋进的精神力量。而背诵本词，可以讲究一些背诵方法：

①抓住行文线索的动词　如"立→看→问→忆→记"等，"粪土当年万户侯"中的"粪土"，在这里是名词的意动用法，视"万户侯"为粪土，有藐视、鞭挞之意。

②抓住描写的景物及特征　如前面提到的山之红、林之染、江之碧、舸之争、鹰之击、鱼之翔。

③抓住押韵的字　如上阕的"秋→兴→透→流→由"，下阕的"游→稠→遒→侯→舟"。

引导学生通过背诵将词熟记心头，反复欣赏与领悟词人青年时代的博大胸怀与扎实功底，从中找到催人奋进的精神力量，然后对照自己，提升一次境界，净化一次心灵，在情感、态度和价值观上自觉地接受理想信念教育。

我们对青少年学生进行理想信念教育，并非苛求他们都成为伟人，但要求他们都成为对社会有用的人，要做一个既有远大理想、又有脚踏实地作风的人。

（4）移　在迁移对比训练中加深对作品特色的理解与把握自然景观同词人心境是否交相辉映，总是同作者当时的处境及其世界观、人生观、价值观息息相关的。为引导学生更好地把握词的感情与词

人的心境，有必要将本词与其他词放在一起，作迁移对比训练。当然，反过来这也是对学生是否掌握赏析此类词方法的检验。

本词开头第一句就是"独立寒秋"，在"寒秋"中"独立"的词人，并没有"秋风扫落叶"的那种悲秋情绪，而是具有知难而进，在逆境中奋起的激昂斗志。同样面对秋景，古代著名女词人李清照的《醉花阴》，就很有"人比黄花瘦"的悲秋情感：

东篱把酒黄昏后，

有暗香盈袖。

莫道不销魂，

帘卷西风，

人比黄花瘦。

李清照是一个情感细腻、多愁善感的女子，在经历国破、家亡、夫死的磨难打击之后，虽然也为国家命运前途忧虑，但由于主客观条件的限制，她的忧虑是充满困惑的，无可奈何的，最终也只能用笔抒发自己内心的苦与忧，选取的抒情景物也是凄凉、悲切的"黄昏、黄花、西风"之类。而毛泽东作为一个投身革命、改造社会的政治家、思想家兼诗人、词人，自然就有"忧国忧民忧天下，求学求知求真理"的凌云壮志。

对"恰同学少年，风华正茂"中的"少年"，也可作迁移对比训练。开头提到这首词写于1925年，当时毛泽东32岁，正逢年富力强之时。词中所追忆的往事，主要是他青年时代在长沙求学求知求真理的生活经历。因此，可以说，这里的"少年"，泛指青少年，又侧重于青年。但我们把这里的"少年"同影片《少林寺》的主题思想"自古英雄出少年"对照，就可见这里的"少年"用得好，用得妙。因为我们可从中领悟出一个道理：一个人不宜输在起跑线上，立志要趁早，要立长远之志，而且坚信有志者事竟成，"莫等闲，白了少年头，空悲切"。可见，从青少年时代起尽早尽快打好综合素质基础之必要。

12. 以科学发展推进大学生理想信念教育

科学发展观理论对于进一步加强大学生思想政治教育工作的科学性和实效性有重要的指导和引领作用。以科学发展观推进大学生的理想信念教育，要全面深刻理解辅导员的角色定位和职责，突出以人为本的原则，统筹兼顾、科学全面地开展理想信念教育。

辅导员作为高等学校从事大学生思想政治教育的骨干力量、大学生健康成长的指导者和引路人，承担着大学生理想信念教育的重要使命和责任，在新的形势下，要不断学习，加强自身的胜任能力，不断创新工作方法。

明确辅导员的角色定位和职责

根据《教育部关于加强高等学校辅导员、班主任队伍建设的意见》精神，辅导员、班主任是高等学校教师队伍的重要组成部分，是高等学校从事德育工作、开展大学生思想政治教育的骨干力量，是大学生健康成长的指导者和引路人。中央民族大学根据本校的实际情况，制定了《中央民族大学大学生辅导员条例》（试行）。辅导员实行专兼职结合、以专职为主，按照学校党委的部署有针对性地开展大学生思想政治教育活动，负责大学生思想政治教育、行为管理和生活服务指导。

国家、高校都对辅导员角色和工作职责做出了比较明确的界定，但在实际工作中，只能对辅导员有一个大致的认识，无法使辅导员对自己形成明确的预期。并且，部分家长、学生甚至老师本身对辅导员角色的理解存在误区，以致辅导员在具体工作中存在诸多不足。

这具体表现在：首先，辅导员很容易仅仅被理解为"再生父

母"、理解为学生各种问题的解决者。学生往往容易把辅导员当成家长，各种事情都会依赖辅导员来帮助完成或者代替完成。大学生活中难免会遇到一些小麻烦，有些学生常常倾向于在碰到麻烦时才来找辅导员，而平时则很少与辅导员联系。辅导员在其中充当了"清道夫"的角色，负责解决学生生活中的各种麻烦事。但辅导员如果既当"爹"又当"妈"，看似关心学生无微不至，实则助长了学生的依赖性，不利于学生的成长。

其次，辅导员也容易把自身当作呼号施令者。大多数辅导员在以前上学期间担任过各种学生干部，有时会不自觉地像学生干部一样，亲自承担班级的各项组织管理工作，把包括班长在内的班委、团支部看作是自己的手下。这样辅导员自身降格为班级学生干部，不利于学生自我管理，同时也损害了辅导员在学生中的威信，带来负面影响。最后，辅导员很容易被简单理解为事务工作者、"打杂人员"。辅导员处于高校学生管理体系的最基层，日常工作中的大部分事务都是执行学校和院系部门安排交办的各项事务，并且还要负责处理学生方方面面的事务，花费大量的时间和精力与学校多个部门交涉。辅导员很容易陷入大量细节的事务工作之中，而很容易忽视大学生的思想政治教育工作、德育工作等当前教育缺失的问题。

辅导员不应是一个全知全能、超越学生的权威，不再是仅仅从事各项繁琐的事务性工作，而是一个侧重于引导学生追求自身道德建设，激发学生潜能，与学生一起探讨问题，并与学生们共同解决问题的参与者，并在这个过程中潜移默化熏陶学生思考如何做人和做事。

首先，辅导员要时刻牢记自身的"辅导"、引导角色。不能只充当学生的"保姆"，而要做盏"指航灯"，引导学生找到自己内心的需求，完善人生计划。帮助学生实现从学校向社会的转变和适应，在就业设计、职业能力训练、择业指导等方面给学生予以指导。

其次，辅导员要以学生为本，牢记自身的服务性角色。学生的发展是最终目的，不能把自己确立为班级的权威核心，一切工作都要为了引导、保证和促进大学生的发展，注意培养和增强大学生的主体意识。

最后，辅导员要牢记教育工作者的角色。除对大学生日常学习、生活进行管理和提供服务之外，辅导员工作更为重要的是对学生进行思想政治教育和德育引导。

当前国际国内形势下，大学生面临着大量西方文化思潮和价值观念的冲击，某些腐朽没落的生活方式对大学生的影响不可低估。随着对外开放范围不断扩大、社会主义市场经济的深入发展，也带来一些不容忽视的负面影响，一些大学生不同程度地存在政治信仰迷茫、理想信念模糊、价值取向扭曲、社会责任感缺乏、艰苦奋斗精神淡化等问题。学生的个人素养、社会道德观念等一些常常被我们忽视的东西，恰恰是目前我们最应该重视的、事关教育的、最根本性的一些问题，是事关我们要培养出怎样的学生（或者是怎样的人）的最根本的问题。因此，辅导员务必要注重学生健全人格及灵魂的塑造和培养。

树立以人为本的教育理念和原则

以人为本作为科学发展观的核心，着眼于促进人的全面发展，是社会主义理想信念价值取向的鲜明体现。大学生思想政治教育工作坚持以人为本，要面向全体学生，体现对学生的终极关怀，促进学生的全面发展。辅导员要充分尊重学生的主体性、能动性与多样性，尊重学生的个性，由说教式、单向灌输模式、一刀切的工作方式向启发式、引导式、渗透式转化，并积极为大学生的自我教育、自我发展创造条件。

理想信念教育坚持以人为本的原则，要处理好社会理想与个人理想的关系。从整体上看，当前大学生的理想信念呈现出多元化现象，部分人关注个人眼前理想缺乏远大理想、社会理想。传统的理想信念教育的价值目标大而空，亲和力不强，有书本化、教条化倾向等。我们应正确认识和对待学生的个人价值，把学生的全面发展放在首位，引导学生关注个人发展与社会发展的一致性，实现个人理想与社会理想的统一。

以人为本，也不可忽视对辅导员自身的培养。辅导员工作涉及的部门多而广、面对的学生多、工作强度大、责任压力大。学生工作的千头万绪、培养和奖励机制不完善，对前途的迷茫和对未来选择的不确定等，都影响着辅导员工作的热情。仅凭热情是难以支持一个人长期奉献于一项事业的，只知埋头苦干而没有对自己的前途进行科学的规划，往往是工作几年后会感觉迷失了自我。学校应做好各项配套设施和工作，真正保障辅导员自身的成长。在身份地位、职称评定、福利待遇、培养激励机制等方面做出切实可行、合理的保障措施。只有一系列的制度保障，才能提升辅导员队伍的素质，也才能使得辅导员在培养人才的同时促进自身的成长。

科学全面地开展理想信念教育

传统的理想信念教育注重理论说教，脱离学生的实际情况，缺少实践的感受与激励，感染力不强。新时期的理想信念教育在继承优良传统的基础上，要不断创新、与时俱进，多方面、多渠道、多层次地开展。

（1）加强自身的理论素质与修养 高校辅导员首先要不断加强政治理论学习，增强自身的政治理论素养，打好坚实的理论基础。传统的理想信念教育注重榜样的力量，辅导员作为与学生最"近"的人，要率先垂范，通过自身的一言一行在无声中影响和教育学生。近代教育学家夏尊先生说过："教育之不能没有爱，犹如池塘之不能没有水。"辅导员是爱心大使，要有高度的奉献精神。要深入到学生中去，想学生之所想，急学生之所急。做到爱在细微中，在潜移默

化中教育引导学生。

辅导员注重与学生的情感沟通，做到以情动人。

苏联著名教育家苏霍姆林斯基说过，当学生走来对你说悄悄话时，你的教育就成功了。教育是师生心灵的交流，是智慧和情感的沟通。现在的大学生对老师的话已不再是过去的"言听计从"了，师生交往也日趋复杂。辅导员工作要克服管教学生的思维模式，注重与学生双向沟通互动。

（2）做好理想信念教育的主题班会 主题班会是对学生进行教育和管理的重要阵地，好的主题班会能够引导学生通过自我教育坚持正确的人生道路和事业发展的方向，能够增强班集体凝聚力。

通过主题班会开展理想信念教育，是一个逐步深入由量变到质变的过程，是一个潜移默化、循序渐进的过程。应以大学每一年学生社会阅历、身心特点不同，开展不同内容和方式的理想信念主题班会教育活动。一年级为基础阶段。大一新生思想比较单纯，开始探索人生理想但缺少明确的方向，优越感与自卑感并存，学习态度不够端正，对学习专业课兴趣不浓，对大学生活节奏还不太适应。

理想信念教育应与个人发展相结合，通过这个层次的教育，使大学新生初步了解什么是理想信念、怎样才能树立理想信念，尤其是对马克思主义科学信仰的深入理解，积极向党组织靠拢，端正学习态度，积极自觉地进行身份转变，尽快适应大学的学习生活。二至三年级为关键阶段。此阶段的学生经过第一层次的教育，各方面趋于稳定，生活、学习步入正轨。

但随着年龄增大、阅历增加，会产生一些新的问题。如对党的政策方针认识模糊、缺乏耐力、行为过激、好高骛远、金钱至上等等。结合我校民族特色及校园文化，开展与民族文化政策相关教育，积极引导学生关注社会，澄清理想信念中的一些思想误区。四年级及五年级为纵深阶段。

此阶段是大学生活的尾声，学生关心自己未来的前途和社会地位，更加关注自己奋斗目标能否顺利实现。这个层次的理想信念教育对大学生在社会中的发展具有深远的影响，明确个人理想与社会理想的关系，使学生正确把握二者之间的关系，把对个人理想的追求与社会理想和国家需要统一起来。

个人命运与社会、国家和民族的生存、发展状况是分不开的。大学生要顺利成才，必须要把个人的理想追求与社会理想协调一致。帮助和引导学生立志高远、始于足下，践行艰苦奋斗的精神，化理想为现实。

学校要鼓励辅导员积极开展理想信念教育的主题班会活动，并为之创造有利条件。如中央民族大学拟出版《中央民族大学辅导员班会工作指导手册》以指导全校专兼职辅导员开展班会教育工作。要注重班会的形式，并发挥学生的主体性，寓教于乐。本人在实际工作中，利用主题班会，针对学生关心的热点、焦点问题，对学生及时反复进行教育和引导，其学习十七大通讯报道相继刊发在《中央民族大学周报》、青年民大网和北京市团市委网站上。抓好优秀典型和学习榜样，引发学生反思如何成才，并针对理论教育性主题班会自身的局限性，为调动同学的积极性、参与性，开展了一系列创新性主题班会。由同学策划主持，采取丰富多彩的形式，如"十年后"话剧演出、"人生与爱情"、"高考一周年纪念"、"心随奥运"、"在生活中学习，在欢笑中学习"等等，学生从中获得了知识、快乐与技能。

（3）全方位开展理想信念教育　理想信念教育不是孤立的，而应与传统文化、校园文化、民族文化相结合，渗透到大学生的学习、生活中去。在民族院校，独特的民族文化也熏陶着各族学生的成长，要注重民族团结教育，通过组织参观民族博物馆，学习民族理论和政策，过民族节日，建立民族姐妹班，引导学生正确看待当前出现的民族问题。

全员育人，充分调动全体教职员工的积极性。辅导员不是对大学生开展理想信念教育的唯一实施者，思想政治课堂首先应成为教育的主渠道，专业老师也应充分发挥教书育人的责任和使命。思想政治教育要走入学生第二课堂——公寓，中央民族大学为此设立了公寓辅导员，深入了解学生的思想动态，加强与学生的沟通，及时做好工作。

多元载体，运用网络传媒、艺术作品、电影电视、实地参观等多种途径，使理想信念教育形式生动形象，内容丰富多彩。在新形势下，要做到教育形式的多样性和趣味性。通过形式多样的党团活动、文体活动与竞赛等，并能与学生所学专业结合，做好学生理想信念教育工作。并因时制宜，充分利用网络进行思想教育。辅导员要把网络作为与学生沟通的工具，要通过现代化的教育手段和传媒途径如 QQ、MSN、博客、校内、E-Mail 等，正确引导与教育学生。

（4）理论认知和社会实践相结合　理想信念教育与人才培养相结合，围绕学生的全面发展开展有效活动，如可以结合学生希望实现自我价值的愿望，开展职业生涯规划指导，引导学生确立争取的个人理想，并把希望成才的热情变为明确的目标和实际行动。

积极开展党团活动、社会实践活动，在实践中检验，增强大学生思考和判断能力，增强大学生的社会责任感。一是调查研究，读万卷书也要行万里路。二是志愿者服务，将专业知识与社会需求紧密结合起来，利用专长服务社会、回报社会，同时磨炼自己的意志和道德品质。三是参加各种公益活动，培养自身的社会责任感，这是一种贯穿于日常生活当中的社会实践形式，以小见大，以细微之处见长，是进行社会实践活动的一种长效机制。

如中央民族大学上千名学生在 2008 年成为北京市奥运会、残奥会志愿者，践行"微笑服务奥运"的精神，这笔宝贵的奥运遗产仍

激励着莘莘学子；2009 年近三千名师生参加国庆六十周年活动五项任务团队活动，既是弘扬中华各民族优秀文化、体现学校办学宗旨和办学特色、展现学校各民族青年学子良好精神风貌的大舞台，又是在学校各民族青年学生中深入开展爱国主义和民族团结教育、切实增强祖国荣誉感和民族自豪感的重大契机，并组织五项任务团队在我校 2009 级新生入学典礼上进行汇报演出，为新生上了一堂生动活泼而意义深远的入学教育课。

总之，高校思想政治教育工作重在创新。高校辅导员要具有开拓进取精神，不拘泥于老经验、老做法，不墨守成规，要学会在实际工作中摸索出一条与众不同、切实可行、富有成效的工作方式，引导学生树立正确的人生观、价值观和世界观，帮助学校培养出能适应社会发展需要的优秀人才。

13. 新形势下的大学生理想信念教育

理想信念是人们对未来的向往和追求，一旦形成，就会成为支配和左右人们活动的精神动力。多年来，我国高等教育致力于坚持育人为本、德育为先，把人才培养作为根本任务，把思想政治教育摆在首要位置，不断深化大学生理想信念教育工作。

2004 年，中共中央、国务院发布的《关于进一步加强和改进大学生思想政治教育的意见》中明确指出，加强和改进大学生思想政治教育的主要任务是：以理想信念教育为核心，深入进行树立正确的世界观、人生观和价值观教育。这是全面实施科教兴国和人才强国战略的基础，是使我们党、国家、民族具有强大的凝聚力和向心力的保障，是确保实现全面建设和谐社会、加快推进社会主义现代化建设、确保中国特色社会主义事业兴旺发达的动力源泉。

理想信念教育现状及存在的问题

当代在校大学生多为"80后"、"90后"，由于此二十年间国际国内正处于重要的转型时期，当代大学生受社会环境、文化思潮、早期教育、个人经历等诸多因素的影响，其思想呈现出比以往更加多元和复杂的趋向。

（1）价值观表现出自我化和功利化　当代大学生普遍存在个人本位思想突出的现状，在个人利益和他人利益、个人利益和国家利益、集体利益无法兼顾时，许多学生本能地把个人利益放在首位，更多的强调与个人发展相关联的生活理想、职业理想，从而忽视了社会责任。大学生惯于把理想追求和现实功利结合起来，注重实惠、实用和物质享受的现实生活，倾向于奉献与索取并重，合理利己主义，成为大学生中比较普遍的价值取向。

（2）独生子女性格特点突出　当前，我国在校大学生大多是独生子女，有很强的优越感，以自我成才为中心，缺乏人际交往的训练和艰苦环境的磨炼，其自我期望值高与现实实现率低的矛盾、对环境高要求与自身低奉献的矛盾表现突出。进入大学以后，面临从学生到社会人的过渡，身处陌生的环境，学习、生活、就业，种种压力突如其来，令早期受到过度保护的学生出现或多或少的无可适从，尤其是生活压力，除了部分特困生外，主要体现为一些长期养尊处优的独生子女生活自理能力弱，面对挫折和新环境自我调节能力不强。

（3）理想目标的明确程度存在差异　由于早期家庭环境和经济条件的差异会引发大学生对社会的认同差异和不同心理期待，个体之间其理想目标的确定和明确的程度有所区别。

再者，刚刚踏入大学校园的大一新生的宏图大志多源于早期社会舆论、家庭教导等客观因素的引导，缺乏现实支撑和实践验证。当意识到理想与现实之间的差距，当面临着角色转变带来的种种不

适和学业、才干、能力、人际等方面的困扰，当初的踌躇满志会模糊，甚至可能迷茫、动摇。

新形势下，大学生不同程度地存在着政治信仰迷茫、理想信念模糊、价值观扭曲、诚信意识薄弱、社会责任感缺乏、艰苦奋斗精神淡化、集体主义观念不强、心理素质欠佳等问题，这都为高校理想信念教育提出了新的挑战。

理想信念教育的有效途径

（1）加强马克思共产主义思想教育　在深化大学生理想信念教育工作的过程中，我们应该继续夯实以党、团组织生活为载体，以学生组织、社团为依托，进一步深化中国特色社会主义理论知识的教育和引导；大力营造体现社会主义特点、时代特征和学校特色的校园文化，形成优良的校风、教风和学风；大力加强大学生文化素质教育，把德育与智育、体育、美育有机结合起来，寓教育于文化活动之中，开展深入细致的思想政治工作和心理健康教育，结合大学生实际，有针对性地帮助大学生处理好学习成才、择业交友、健康生活等方面的具体问题，提高思想认识和精神境界。

（2）强化形势与政策的重要作用　在系统地通过"两课"和"两史"传授中国特色社会主义相关理论知识的基础上，应该充分发挥形势与政策教育引导大学生树立正确的理想信念的作用，贴近社会和大学生生活实际，切实地去分析和解决现实存在的问题。

形势与政策教育课可以分为国际国内形势解析和大学生分类指导两大内容。在大学生分类指导这一环节，授课的辅导员老师应该在充分调查研究授课对象，学生的普遍特点、个体差异、现实需求的基础上，在不同学期、不同年级有针对性地进行系统授课。

对于大一新生所开设的形教课可以以大一新生适应性教育、引导大学生自主学习、大学生涯规划为主。针对大二学生，可以鼓励、引导学生积极参与科研训练、科研竞赛，将理论知识学习与科研实

践相结合，同时可以为学生介绍大学毕业后所面临的读研、就业等情况，以便于学生提前搜集相关讯息，培养专业兴趣，思考未来的目标、方向，做好充足准备。针对大三学生，可以借助专业教师之力，联系相关校友，为学生介绍本学科的前沿尖端技术和发展前景，以及本学科的领军人物，以及他们艰苦奋斗的历程或典型事例，以进一步激励和引导学生努力探索学术的新境界，从而树立起既崇高远大又贴近现实的人生理想，并坚定信念朝着这个目标努力奋斗。针对大四学生，可以系统地开展就业指导专题讲座，从而全面提升大学生就业竞聘能力，使之切实成为社会所需的可塑之才。

在针对不同年级学生分门别类地开展不同主题的形势与政策教育课的过程中，应始终秉持以培养社会和国家所需要的人才为本，冲破传统思维的束缚，与时俱进、创造性地开展学生工作，不仅能够为迷茫中的广大学生掌灯引路，还能解决学生一部分的实际困难和疑问，同时也让学生在此过程中，寻找、树立、坚定切合实际、积极向上的信念，将自己的个人命运与祖国的命运紧密联系在一起，将个人的发展与社会的需求紧密联系在一起。

（3）主动占领网络思想政治教育新阵地　全面加强校园网的建设，使网络成为弘扬主旋律、开展思想政治教育的重要手段，利用校园网为大学生学习、生活提供服务，对大学生进行教育和引导。面对新时期网络全球化的格局，我们的传统教育方式必须与网络化并轨。网络社会化已成为当今社会发展的重要标志，网络给大学生提供了更多的自由选择，拓展了大学生的生活空间，成为他们接受新事物的一个重要来源和渠道，已深入广泛地影响和渗透到大学生活的各个方面。它的产生和发展给大学生理想信念教育带来了严峻的挑战，对大学生的主流意识和人际交往提出挑战。在网络社会化的大环境下，我们必须从正面引导大学生正确使用网络，强化网络道德意识，让学生以良好的心态和正确的价值取向面对真假、善恶

混杂的网络信息，明辨是非、坚守原则，取其精华、去其糟粕。教育学生提高自控能力和自我约束力，科学、合理、适当地使用电脑和网络。学校可以经常性组织一些有关电脑操作技能、网络知识、网络道德、网络法律方面的讲座、竞赛、征文、讨论等活动，既从技术方面普及网络知识，又从社会道德、法律层面在学生中树立正确的网络观，规范其网络行为。

此外，网络社会化也为理想信念教育带来了新的机遇，拓宽了新的思路。

其一，我们可以开展"两课"网上课堂、网上论坛，以网络的共享性、便捷性以及辐射广泛的特性，增强"两课"教学的吸引力和感染力。在维护网络秩序的前提下，令网络成为宣传马列主义、毛泽东思想、邓小平理论和"三个代表"重要思想以及党的路线、方针、政策的重要阵地。

其二，在对学生进行思想教育的过程中，网上交流的形式可以在一定程度上弥补时空的限制。适当使用网络流行用语，也有助于拉近师生之间的距离。

其三，熟悉计算机操作以及网络使用的辅导员可以充分利用网络博客这一有力武器，通过发表博文、开展网上讨论，辅助性地将传统的说教变为图文并茂的心声吐露，与学生之间搭建起信任、关爱的桥梁，从而使得理想信念教育网上网下相结合，多种形式兼容并蓄，相互取长补短。

（4）进一步深化大学生理想信念教育　社会实践与大学生理想信念教育是相辅相成的辩证关系。社会实践既是大学生理想信念教育的重要环节，又是理想信念教育的现实落脚点。脱离了社会实践的理想信念是主观臆想的乌托邦，失去理想信念指引的社会实践往往是盲目的，容易无疾而终。

社会实践可以增强大学生学习专业知识的效果。各类社会实践

活动的广泛开展，能使大学生将抽象的理论知识在实际运用过程中，转化为解决实际问题的各项能力，能让学生看到自身知识能力、结构的缺陷，使之进行主动调整，激发学习积极性和主动性，提高自身的业务素质。

其次，社会实践可以推进大学生的社会化进程，提高大学生综合素质。学生在社会实践中可以学习如何与他人分工协作、如何恰当地处理各类人际关系，检验自身行为模式、价值观念等是否与社会文化相协调，从而及时纠正偏差，并细化社会认同的文化规范和价值准则，从而提高自己在社会中的生存能力和适应能力，促使大学生向一个真正意义上的社会人靠近。

最后，社会实践可以更好地发挥高校的作用，实现高校的教育目标。服务社会是现代教育的发展使命，组织好学生为社会提供高质量的服务，在育人的同时可以扩大学校的影响，争取更多的社会支持，实现高校自身的职能。

面对社会转型的机遇和挑战，面对当代大学生理想信念教育的客观情况，我国高校有必要将深入开展社会实践纳入大学生培养计划，高度重视社会实践的感召力和渗透力，建立、健全大学生社会实践保障体系，探索实践育人的长效机制，引导大学生走出校门，到基层去，到工农群众中去。

其一，高校可以将社会实践纳入学校教育教学总体规划和教学大纲，规定学时和学分，提供必要经费和政策保障，建立、健全长效的激励机制。

其二，积极探索和建立社会实践与专业学习相结合、与服务社会相结合、与勤工助学相结合、与择业就业相结合、与创新创业相结合的管理体制，增强社会实践活动的效果，培养大学生的劳动观念和职业道德。

其三，认真组织大学生参加军训，达到强健体魄、磨练意志的

目的。

其四，鼓励、引导学生参加科研训练计划、大学生创新性试验计划等科研训练项目，以及"挑战杯"赛事等相关科研竞赛。

其五，充分利用寒暑假以及周末、节假日，开展社会调查、生产劳动、志愿服务、公益活动、科技发明和勤工助学等形式多样的"三下乡、四进巷"社会实践活动。

其六，重视社会实践基地建设，不断丰富社会实践的内容和形式，提高社会实践的质量和效果，使大学生在社会实践活动中受教育、长才干、作贡献，增强社会责任感，将所学理论知识，运用到实践当中。

其七，组织学生参观各地区大学生创业园区，鼓励在校学生进行积极地尝试和探索，将科研成果和创意理念孵化为商品技术加以市场推广、运作，培养学生的创新创业能力、实践能力，提高学生的整体素质，增强学生的创业意识。

理想信念教育是大学生思想政治教育的核心，大学生思想政治工作的重中之重。在新时期，面对新的机遇和挑战，我们的理想信念教育需要在继承传统精华的基础上锐意进取、开拓创新，通过建立和健全长效机制，不断强化理想信念教育的地位，通过科学的方法和手段夯实理想信念教育的基础，通过创新的方式方法拓宽理想信念教育的途径，将当代大学生培养成为有能力、有责任、有担当的，能够挺起中华民族脊梁，能够建设中国特色社会主义伟大事业的栋梁。

第二章

学生信念素质教育的故事推荐

1. 陈胜立鸿鹄之志

秦朝末年，陈胜和吴广一起在大泽乡揭竿而起，点燃了中国封建社会第一次全国性的农民大起义的熊熊烈火。

陈胜即陈涉，年轻时像牛马一样在地里干活。有一次他和几个雇工谈起对当时统治者的仇恨时说："将来如果我们中间谁富贵了，可不要忘了穷哥们！"

有个伙伴听了冷笑道："我们现在穷成这个样子，靠给人家当雇工过活，哪会有什么富贵呀？"

陈涉叹口气说："小小的燕子和麻雀怎能知道鸿鹄的雄心壮志（燕雀安知鸿鹄之志哉）！"

燕雀，指燕子和麻雀，比起天鹅（鸿鹄）来，燕雀当然渺小得多啦。

后来陈涉终于领导反抗暴秦的起义。这次起义最后虽然失败了，可是在它的影响和推动下，各地群众纷纷举起起义的旗帜，终于消灭了秦王朝。陈胜在历史上建立了不可磨灭的功绩。

2. 王充书铺读书立志

王充是我国东汉初年具有唯物主义思想和批判精神的杰出的思想家。

王充少年时代，父亲就去世了。王充竭尽全力奉养母亲，后来到了京城，进太学学习，拜当时著名的学者班彪做老师。他喜欢广泛地阅读，善于抓关键问题，因而进步很快。

王充读书非常专心，理解能力和记忆能力又很强，所以只要读上一遍，就能记住书的主要内容，甚至能够背诵某些精彩的章节。

但是，家庭穷困，买不起很多书。为了满足如饥似渴的求知欲，王充想出了一个好办法。当时的洛阳街上有不少书铺，王充便决定把书铺当做他的"图书馆"。每天吃过早饭后，他就带上干粮，到书铺里去阅读出售的书籍。不分春夏秋冬，不论晴天雨天，他读了一册又一册书，跑了一家又一家书铺。就这样，他终于读遍了诸子百家的重要著作，掌握了书中的基本精神。

王充由于出身贫苦，因而对自然现象和社会现象的认识，基本上是从劳苦人民实际生活的情况出发的。他在读遍了诸子百家的主要著作之后，对于某些为统治阶级服务的唯心主义的说教深感不满，下决心给予严厉地批判。于是便集中精力独立思考，着手写书。为了不耽误时间、不打断思路，他在住宅的门上、窗上、炉子上、柱子上甚至厕所里，都安放了笔、纸，想一点，写一点，走到哪里，写到哪里。经过长时期地努力，他终于写成了充满着批判精神、闪耀着唯物主义光辉的《论衡》。

3. 大器晚成的崔林

东汉末年，崔琰在河北袁绍处当门客。

"官渡之战"曹操大败袁绍，崔琰被曹操所俘获。曹操看他是位人才，便把他留在自己身边任职。

曹军几次狠狠地打击前来侵犯的匈奴人，最后匈奴派使臣向曹操求和，并送来大量贡礼。匈奴使臣回国前，要求曹操接见他，并说："久仰魏王武功赫赫，攻无不克、战无不胜，想来形貌一定威严，愿意一睹风采。"

曹操听了手下的报告，觉得匈奴使臣的要求合理，不好拒绝，便让有关人员安排会见的时间。

会见前，曹操觉得自己的个头太小，不够威武，很难令外国使臣敬畏，便让相貌俊雅的崔琰假扮自己接见匈奴使臣，自己则扮作贴身卫士，手扶配刀，站在一旁。

会见结束后，曹操派人向匈奴使臣询问对曹操的印象，匈奴使臣说：

"魏王长相风流文雅，气度宽宏，可他身边手扶佩刀的卫士却很威严，令人望而生畏，有帝王之相。"

曹操听了匈奴使臣的评价，觉得此人很有眼力。

实际上，崔琰不仅长得相貌堂堂、举止不俗，分析事物合情合理，而且知人善任，爱惜人才。

崔琰有个堂弟叫崔林。崔林平时说话不多，性格比较内向，平时很少在亲友之间走动，特别是成年以后淡泊功名，一时之间没有什么大成就。

为此，亲友们谈起崔林，都会显出一副鄙夷不屑的样子，评价崔林说："崔林这个人不会有什么大作为，与崔琰比可是差远了。"

崔琰却有自己的主见，他每次遇到亲友，都对他们说："我与诸位的看法不同。我以为人的发达有迟有早，我不过早作了几年官罢了，哪里比得上崔林呢？才能大的人需要长时间才能成器，以他的见识和才干，将来一定能成就一番大事业。"

崔琰的眼光果然没有错。崔林的才能的确很出众，他从小虽然默默无闻，但一直刻苦学习，注意天下大事的变化，暗中积累了很多的知识，他相信自己总有一天能成为利国利民的有用之才。不久，崔林的才能被曹操发现了，曹操先是任命崔林为主簿，后任命他为御史大夫。到文帝时，崔林竟官至司空，封为安阳侯，成为魏国的股肱之臣。

4. 宗悫少年立志

宗悫是南北朝时期的一名刚强少年，出身武术世家，从小就随父亲和叔父练拳弄棒。年纪不大，武艺却十分刚强。

他哥结婚那天，家里宾客盈门，热闹非凡。有十几个盗贼也乘机冒充客人，混了进来。

正当前面客厅里人来人往、喝酒贺喜之际，这伙盗贼却已潜入宗家的库房里抢劫起来。有个家仆去库房拿东西，发现了盗贼，大声惊叫着奔进客厅。

霎时，客厅里的人惊得目瞪口呆，不知如何是好。只见宗悫镇定自若，拔出佩剑，直奔库房。

盗贼一见来了人，挥舞着刀枪威吓宗悫。宗悫面无惧色，举剑直刺盗贼，家人也呐喊助威。盗贼见势不妙，丢下财物，夺命而逃。

宾客见盗贼被赶走了，纷纷称赞宗悫机敏勇敢，少年有为。问他将来长大后想干什么，他昂起头，大声地说："愿乘长风破万里浪。"

后来，当林邑王范阳迈侵扰边境，皇帝派胶州刺史檀和之前往讨伐时，宗悫自告奋勇请求参战，被皇帝任命为阵前大将军。

一次，檀和之进兵包围了区粟城里林邑王的守将范扶龙，命宗悫去阻击林邑王派来增援的兵力。

宗悫设计，先把部队埋伏在援兵的必经之路，等援兵一进入埋伏圈，伏军立即出击，把援兵打他个落花流水。

宗悫为宋国打了无数次胜仗，立下赫赫战功，被皇上封为洮阳侯，实现了他少年时"乘风破浪"的远大志向。

5. 鉴真东渡传佛

鉴真（公元 688～763 年），日本佛教律宗创始人。唐代扬州江阳（今江苏扬州）人。十四岁出家，二十二岁受具足戒。不久游洛阳、长安等地，遍研三藏，尤精律藏。后住扬州大明寺，专弘戒律。

当时，日本受中国影响，他们仿照唐朝修建佛寺，大力提倡佛教。日本政府还派荣睿和普照两位年轻的和尚到中国学习佛经，并想聘请中国的高僧去日本传授佛学。

荣睿和普照在洛阳、长安学习佛法的期间，他们听说鉴真是一位精通佛理、学识渊博的高僧，就想请鉴真到日本去。公元 742 年，荣睿、普照来到扬州大明寺，求见鉴真，邀请他到日本讲学。鉴真看他们非常诚心，就问身旁的弟子："你们有谁愿意接受邀请，去日本传法吗？"在场的僧侣没有谁回答这个问题。过了半天，一个名叫祥彦的僧徒站起来说："日本离我们太遥远了，而且中间隔着茫茫大海，途中恐怕生死难料，所以不敢去。"鉴真说："为了弘扬佛法，怎么能顾惜生命呢？你们既然都不愿意去，那就让我去吧！"僧徒们见师父态度很坚决，都很感动，纷纷表示愿意跟随师父东渡日本。

正当他们要开船远航的时候，浙江一带出现了许多海盗，四处抢掠财物，沿海关防检查十分严格。鉴真的弟子道航和如海发生纠纷，被官府知道了，没收了他们的船只，第一次东渡宣告失败。这以后，鉴真又进行了三次东渡，不是因为海浪太大就是准备不充分都失败了。

天宝七年（748 年）61 岁的鉴真做好了第五次东渡的准备。六月的一天夜晚，鉴真和他的弟子们登上大船出发了，不久就遇到了海浪。船漂到浙江海面，在一些小岛附近避风。直到十月才继续起航。没料到出海没有半天，海面上突然又刮起暴风。风越刮越大，

浪越来越高，乌云遮日，狂风怒号。船上的人，一个个呕吐不止，头重脚轻，只有船夫还能支持。船上的淡水用完了，只好喝海水，喝后腹胀难忍。他们一连在海上漂了14天，船终于靠岸了。上了岸才知道现在是到了海南岛最南端的振州（今海南岛崖县）。

这时候，不幸的事情接二连三地发生了。先是荣睿因旅途颠簸，患病去世。鉴真哀恸悲切，加上水土不服，得了眼疾，导致双目失明。不久，鉴真最得意的弟子祥彦也去世了。这一系列的打击和挫折，并没有使鉴真倒下，相反，他更加坚定了东渡的决心。

公元753年，鉴真所乘的船抵达日本九州岛，历尽千难万险的东渡终于成功了。

鉴真在日本整整度过了十年，公元763年，76岁的鉴真在奈良病逝了。日本朋友将他葬在唐招提寺，并且世世代代纪念他。

6. 欧阳修画荻练字

欧阳修是北宋文学家。他4岁时，父亲就死了，家里很穷，上不起学，也买不起文具，他母亲郑氏就用荻草（一种形状像芦苇的植物）杆当笔，把沙子铺在地上当纸，教他认字。他认字很专心，不到10岁，已有自学能力，便向亲友借书来读，重要的就亲自抄一遍。读书之余，就练习作文。

欧阳修曾经说过："要写好文章，离不开'三多'。所谓'三多'，就是："多读优秀作品，多练习写作，多和老师朋友们商讨'。"他曾经对别人说："我的文章多数是利用'三上'进行艺术构思、打好腹稿的。所谓'三上'，就是马上、枕上和厕上。"

欧阳修的写作态度很严肃，每写完一篇文章，便贴在卧室里的墙上，随时看，随时改，直改到自己认为毫无缺点，才肯拿出去。欧阳修老年时，文学修养更加深厚了，又拿出以前所写的文章一篇一篇地修改，废寝忘食，异常辛苦。他的妻子劝阻道："何必自讨苦吃呢？又不是小学生，难道还怕先生生气吗？"他笑着回答："不是怕先生生气，而是怕后生笑话啊！"

欧阳修通过自己的认真创作和大力提倡，开展了一个蓬蓬勃勃的古文运动，扫除了五代以来浮艳的、艰涩怪僻的文风，建立了平易流畅的文章风格，对宋代及其以后的散文发展，作出了卓越的贡献。

7. 喻皓勤奋学建筑

喻皓，北宋初年人，我国历史上杰出的建筑家，对我国古代建筑技术的发展作出了不可磨灭的贡献。

喻皓从小就喜欢干木工活，常常捡些破木头、碎木片，通过细致地刨、削，做成小巧、美观的房屋、家具、宝塔等玩具。到二十来岁时，他的手艺已经很出众了，能够建造亭台、楼阁、庙宇、厅堂等。年轻时他生活在洛阳，洛阳城里的相国寺是唐朝时修建的著名建筑物。有一次，他去那里游玩，看到相国寺的阁楼非常别致，尤其是向上翘起的飞檐，过去从来没有见到过。为了掌握这种飞檐的结构，他常常跑到那里仔细观察，起初是站着看，累了就坐下来看，坐累了又躺下来看。边看边琢磨，一连好多天，他终于弄清楚了这种结构的奥妙，掌握了制造这种飞檐的技术。

喻皓一生负责修建过许多重大的建筑工程，河南开封的开宝塔就是其中之一。这座八角形的塔技术难度很高，前后花了八年时间才竣工。完工时，人们看到塔身向西北方向倾斜，感到很奇怪，就问喻皓是怎么回事。喻皓回答："开封地势平坦，四周没有高山，又多西北风，经过风吹和湿气浸润，百年以后，塔身自然会正了。"后来，果然不出喻皓所料，开宝塔几十年后就由倾斜变得笔直了。原

来，喻皓不但努力学习钻研建筑艺术，而且每到一地都要仔细研究当地气候条件、风土人情，作为设计工程的参考。所以，他的建筑艺术获得了很高的成就。

8. 范仲淹吃粥

范仲淹是北宋时期著名的军事家、政治家，同时，他的文才也非常好。他写的《岳阳楼记》，使岳阳楼名闻天下，其中的名句"先天下之忧而忧，后天下之乐而乐"，更成了伟大政治人物的生动写照，一直被后人所传诵。

范仲淹小的时候家里非常贫穷，父亲很早就死了，母亲只得带着他另嫁他人。范仲淹就寄宿在一座庙宇里，苦读诗书。他每天早上烧好一锅粥，等粥冷了之后切成几块，然后从母亲带来的一罐咸菜中取点咸菜，就解决了一天的吃饭问题。范仲淹的一位同学来看他之后，很同情他，就从家里拿了一些好吃的东西送给了范仲淹。

过了一段时间，范仲淹的这位同学又来看他，看见自己送来的食物原封未动还在那儿放着，这些食物都已经坏掉了。

这位同学很生气，觉得范仲淹很不尊重他，但又不好开口。

范仲淹看出了同学的想法，他拉着这位同学的手说："我很感谢你对我的关心。我不是嫌弃你送来的东西，你送来的一定比我平时吃的粥和咸菜好吃千百倍。但如果我吃了这些美味的食物，那我以后怎么还能忍受粥和咸菜的味道？哪能再过艰苦的日子呢？"

同学听了这番话，心里很敬佩范仲淹，他们结成了最好的朋友。

范仲淹在艰苦的环境下苦学不辍，终成大器。

9. 顾炎武万卷书

明末清初有一位爱国主义思想家，叫顾炎武。他从 7 岁进入私塾学习开始，就非常喜欢读书。据说，他不仅熟读了《论语》、《孟子》、《诗经》、《左传》等经典"十三经"，而且能够背诵。

顾炎武超人的记忆力并不是天生的。他从小就用背诵诗文的办法来训练自己的记忆力。他把一本书背下来以后，总是经常复习，反复背诵。他曾经给自己规定，每天必须复习两百页读过的书，不复习完决不休息。他用这个办法，使读过的书能够终生不忘。

顾炎武这样勤奋地读了二十多年书，到他 45 岁时，除了古代的经史子集等著作以外，他还读完了各州、各府、各县的地方志和朝廷大臣的奏疏等共一万二千卷，阅读书籍的总数达到好几万卷。在他的家乡，再也找不到他没有读过的书了。于是，顾炎武开始周游天下，遍读天下的书。

顾炎武骑着一匹马，然后用另外两匹马和两匹骡子驮着自己的书，开始了长途旅行。他一路走一路复习自己读过的书。到了一个地方，就向当地人了解风土人情、名胜特产、历史传说等等，然后一一记录下来。如果发现与书本记载不相符合的地方，顾炎武就详细调查，把考察的结果记在书本有关章节的旁边。顾炎武经过长期读书和积累，写成了《天下郡国利病书》一百二十卷和《日知录》三十卷等著作，成为当时最有名望的学者。

10. 曹雪芹创作《红楼梦》

曹雪芹（？~1763 年，一说 1764 年），清代伟大小说家。名霑，字梦阮，号雪芹、芹圃、芹溪。满洲正白旗包衣人，世代任江宁织造，家势贵盛。

曹雪芹的祖先是东北辽阳地区的汉族人。他家在明朝末年成了清朝皇帝的包衣（家奴），隶属于上三旗之一的正白旗。清军进关，他家祖先也跟随入关，而且立下军功，从包衣一跃而成为功臣，当了官，也发了财。曹雪芹的曾祖母，是康熙皇帝小时候的保姆，这样，他家和皇室的关系更近了一层。康熙皇帝亲政以后，对曹家特别信任，让他家世袭江宁织造（驻在南京）官爵，还兼管两淮盐政。

13岁前的曹雪芹生活是优裕的。生活上有母亲、祖母的照料和百般宠爱。当时曹家藏有丰富的图书，曹雪芹天资聪慧，又广闻博识，这些都是日后从事文学创作的基础。

雍正初年，由于封建统治阶级内部政治斗争的牵连。雍正皇帝借口曹家贪污公款，撤了曹頫的职，又把他家查抄了。

曹家被抄以后，即由南京迁到北京。从此，家道衰败，以致陷入"满径蓬蒿老不华，举家食粥酒常赊"的生活状况，也使曹雪芹告别了如梦年华，踏入了人生道路上的荒凉境地。他被迫来到北京西山脚下一个偏僻山村落户。此处是"野水临门"、"蓬蒿浸径"，只有一间用茅草盖的屋。住在这里，几乎什么门路都没有，主要靠卖字画换钱度日。

曹雪芹生活困顿，身居蓬蒿之中，心情虽然更加沉郁，但他没有去攀附权贵，宁愿寄情于山川白云，在大自然中寻找乐趣。

曹雪芹不幸的家庭变故，使他饱受了世态炎凉、人间沧桑，也成为他创作《红楼梦》的强大动力。不朽的巨著《红楼梦》是在极端困苦的环境中写成的。他开始写作，没钱买纸，就用废纸替代，甚至把皇历拆了，把书页反过来折上，订成本子用。文学是痛苦的事业，伟大的作品往往出自苦难者之手。曹雪芹正是在抚今追昔的无限感慨中，呕心沥血写就了《红楼梦》。正像曹雪芹自己所说："字字看来都是血，十年辛苦不寻常"。

当《红楼梦》快要写成时，意想不到的灾难降到曹雪芹头上，曹雪芹唯一的儿子被传染上了痘疹。那时候，出痘疹要吃牛黄、珍珠等贵重药品，他家穷得连锅都揭不开，哪里有钱去买药呢？曹雪芹眼睁睁地看着活蹦乱跳的孩子一天天憔悴下去，真伤心透了。到了秋天，孩子病死，曹雪芹因为过于伤心，身体也垮了。不久，他也染上痘疹，病在床上。冬天，曹雪芹的病更重了。除夕那天，除旧迎新的鞭炮响了，可是这位文学巨匠却"泪尽而逝"，寂寞地离开了人间。

11. 毛奇龄从小立志

毛奇龄是浙江萧山人，1623 年出生在一个普通读书人的家庭。他从小养成了勤学苦练的习惯，5 岁开始读《四书》，8 岁开始读《五经》，每天从晨光微露一直读到暮色朦胧。经过几年时间的苦学，就把当时读书人必读的几本书读得滚瓜烂熟。因为家境清贫，毛奇龄家里书籍不多，他常常到藏书多的祁家借书阅读，并且一定按时归还，决不拖延。冬天，冻得手指不能屈伸；夏天，蚊子咬得浑身发痒，坐立不安。为了按期归还，又能借到更多的书籍阅读，毛奇龄总是不顾一切地拼命攻读，还把疑难问题和心得体会记在笔记簿上，随时请教老师和长辈。

数年以后，他的读书笔记竟堆了两尺多高。一些读书人看到小小的毛奇龄如此用功，都称赞他的学习精神。

明朝后期，有位名叫陈大搏的人做了萧山的童子考试官。13 岁的毛奇龄前去应考，陈大搏一见他便开玩笑说："黄毛未退，敢来应试？"不料，毛奇龄顺口答道："鹄飞有待，此振先声。"一句话，说出了自己年纪虽小，但要干一番事业的远大志向。陈大搏一听，大吃一惊，惊叹这个小小年纪的考生思维如此敏捷，口才非同一般。

后来毛奇龄果然不负厚望，写出了许多诗文著作，成为清代著名的经学家和文学家。

12. "空中飞人" 乔丹

乔丹是美国篮球明星，绰号"空中飞人"。他带领芝加哥公牛队6次夺得NBA赛总冠军。

乔丹在小学读书时不愿动脑筋，父亲本希望他将来能继承自己的事业，做一名机械师，但是看他热衷于各种竞赛，就决定因势利导，指导儿子在后院的简易篮球场上学习打篮球。乔丹很快迷上了这项运动，成为小学篮球队的一名主力。

到了高中，他的个人技术已经很不错了，他想凭他的水平完全可以进学校的一队打主力。美国的高中篮球队分两个级别：一队代表学校打比赛；二队是陪练。他和好朋友一起报了名，没想到一张榜，朋友榜上有名，自己却名落孙山。放学后乔丹跑回家，关上门就大哭起来，这太伤他的自尊心了。"这不公平！"他又跑去找教练，可是教练对他说："你个子不高，反应也不快，打篮球没什么前途。"乔丹失望极了。

校队开始参加地区比赛了，他苦苦央求教练能随队看球，教练同意了他的请求，但让他为其他队员看衣服。当其他同学在球场带球突破，大力灌篮时，他只能着急地守在一堆衣服旁，这对他刺激太大了。从那以后，乔丹开始苦练技术。每天前两个小时跟二队练，后两个小时与一队练，训练结束了，他还加练。篮球成了他的随身物品，只要有篮球架就练投篮。有付出就有收获，他的球技突飞猛进，个子也长高了，他终于走进了一队的大门。

13. 独自环球旅行

弗朗西斯·奇切斯特是一位英国航海家。1966 年 8 月，他在快满 65 岁的时候——许多人在这个年龄已经退休——开始了一生中最了不起的一次航海。

奇切斯特一直航行 14100 英里，到了澳大利亚的悉尼港才停船靠岸。这段航程比以往单人驾舟航海的最远航程还多一倍多。奇切斯特上岸后，得由人搀扶才能行走。大家都说，他已经航行得够远了，不要再继续向前航行了。但他却不受那些议论左右。

在悉尼休息了几周之后，他不顾朋友们的多方劝阻，再次扬帆出航。这后半段航程更为艰险，在此期间，他绕过了险情四伏的合恩角。

1967 年 5 月 28 日，星期天，将近晚上 9 点，他回到了英国。有 25 万人等在那儿欢迎他。伊丽莎白二世女王手持宝剑敕封他为爵士。将近 400 年前，伊丽莎白一世女王也曾手持同一把宝剑，把爵位赐予完成首次环球航行的弗朗西斯·德雷克爵士。奇切斯特从英国出发，再返回英国，整个航程长达 28500 英里，一共花了 9 个月的时间，其中实际航行时间为 226 天。他终于完成了他想完成的伟业。

14. 野丫头成了女作家

有一个小姑娘，生活在泸沽湖的母系氏族社会。虽然家乡山清水秀，但她还想看看外面的世界。有一天，她实在忍不住了，对阿妈说："我要去城里!"阿妈被她的固执的眼神吓坏了，不知所措，伸手就给她一耳光。小姑娘捂着脸哭着跑出了家门。

那是她出生以来第一次离开家。她在原始森林里走，可是森林

好大啊，好像永远走不到尽头。饿了，就摘野果吃，渴了，就捧泉水喝。晚上怕遭到野兽攻击，她就躲在山洞里或睡在树上。感觉孤独，感觉恐惧的时候，她就给自己唱山歌。

一个漆黑的夜里，她突然看到远处出现了几点的灯光，这时候，她已经累得根本站不起来了。她就在泥泞中朝着那个灯光爬。就这样，边唱边哭，边哭边唱，走了几天几夜，终于走出了大森林，走到了县里面的文化局。

正好，上海音乐学院正在县里招生，于是，她抓住机会，以动听的歌声考进了上海音乐学院。毕业时她跑了30多趟北京，最后终于去了中央歌舞台。

后来，她又跑到美国深造。课余时间在一家歌厅打工赚生活费。有一天，下着倾盆大雨，歌厅还没开始营业。一个老伯伯急匆匆地过来避雨，全身湿漉漉的。她见老伯伯很冷，就热情地招呼他进来。等老伯伯坐下，她问他要不要喝点东西，老伯伯拒绝了。好心的她心想老伯伯可能没钱，就请他喝果汁。老伯伯走的时候，她还送了把伞给他。

没想到，那位老伯伯竟然是个大富豪。为了感谢，就送给她一幢漂亮的别墅和一张支票。老伯伯对她说："谢谢你，你让我再一次感受到了温暖。"

这个姑娘名字叫杨二车娜姆。如今她是一位有名的女作家，出了好几本书。从一个穷乡僻壤的泸沽湖小丫头，到外语流利的女作家，娜姆赢得了一个又一个奇迹，创造了一个真实、美丽的人生！

15. 当一块石头被赋予愿望

在法国一个小乡村里，有个邮差，名叫薛瓦勒。他每天的工作

内容，是步行奔走在各村之间，为居民送信、寄信。

有一天，他匆匆忙忙地赶路，不小心被山路上一块儿石头绊倒了。他站起来，整理一下衣服，正准备继续走。突然，他发现脚下的这块儿石头形状很独特，他拿在手里，看了又看，非常喜欢。

最后，他决定带回家去。村里的居民看见他拿着一块儿沉重的石头，很好奇地问他拿这块儿石头做什么。他说："你们看，这块儿石头多么漂亮啊！"人们都不屑地笑了："这样的石头，山上有的是，你可以捡来盖房子了，哈哈。"

他回家后拿着那块儿石头端详着，突然想起了村民的话，对，用这块美丽的石头建造一座城堡，那将像童话一样动人。

从此，白天，他推着独轮车送信、取信和捡喜欢的石头；晚上，他就成了一个伟大的建筑师，按照自己的愿望和思维来垒造自己的城堡。对于他的行为，所有人都感到不可思议，都觉得他精神有问题。

在随后的几十年里，他的生活就是送信、搬运石头、堆积石头。在他房子附近，出现许多或层层叠叠、或错落有致的城堡，有清真寺式的，有佛教式的，有基督教式的……

后来，一个记者发现了这群低矮的城堡，很惊奇城堡的建筑格局。回去后，他刊登了一篇介绍薛瓦勒的文章。很快，许多人都慕名前来参观城堡，连当时最有声望的毕加索也专程来参观。

现在，薛瓦勒的城堡成为法国最著名的风景旅游点，它的名字就叫做"邮差薛瓦勒之理想宫"。

岁月的流逝没有抚平石块儿上的刻痕，有一句话刻在入口处的一块儿石头上："我想知道一块儿有了愿望的石头能走多远。"据说，这就是当年绊倒薛瓦勒的那块儿石头。

16. 伟大的人生源自年少的梦想

1994 年 1 月 14 日下午，美国总统克林顿在访问莫斯科期间，在奥斯坦金诺电视台大厅接见俄罗斯新闻工作者和各界代表，当场发表演说并回答听众的各种提问。

电视屏幕上出现了这样一组镜头：

克林顿总统对听众说：

"现在我请最年轻的与会者提问题。"一个虎头虎脑的小男孩，不慌不忙地在大厅后排站了起来。

克林顿问："你今年多大了?"

小男孩用英语回答说："13 岁。"

克林顿惊讶地笑了笑，说："你提问吧。"

小男孩用英语问道："总统先生，请您谈谈您是怎样当上美国总统的。"

话音刚落，满座听众哄然大笑。

克林顿十分高兴地对他说："请你到我面前来。"

小男孩穿过人群，走到克林顿总统的跟前。

克林顿微笑着把他拉到自己的身边，爱抚地摸着身高只及自己胸口的小男孩的双肩，亲切地告诉他：

"我 16 岁时，就下决心要为国家服务。我以林肯总统为榜样，不断地学习、准备，抓紧各种机会不懈地追求奋斗，终于有一天，我当上了总统，实现了自己当初的梦想。"

这时，大厅里爆发出了热烈的掌声。听众们以这样的形式，祝贺小男孩的殊荣，感谢克林顿总统的回答。

伟大的理想之所以伟大，就在于它是常人难以实现的。想要做一个与众不同或是成就非凡事业的人，就要在起步时下定决心，锲

而不舍、始终如一地坚持到底，才能够达到目的，实现理想。小男孩如果不曾梦想成为未来的总统，就不会向已登上了总统宝座的克林顿提出这样的问题，而克林顿总统假如不是当初就下定了决心，为了成为世界上最强大的美利坚合众国的领袖而努力奋斗，那么，也许不仅仅是他个人的历史要改写，恐怕整个美国的历史也将要因此而改写了。所以，年轻的朋友们，请不要让自己年轻的心空无梦想，现在就为自己的将来设计一个伟大的理想吧！用自己不懈奋斗的青春，让这个梦在我们的生命中开出一簇簇艳丽绚烂的花朵！

17. 梦想

日本有一个童话故事。

有两个小孩到外边去玩，玩累了，两人就躺在沙滩上睡着了。其中一个小孩做了个梦，梦见对面岛上住了个大富翁，在富翁的花园里有一整片的茶花，在一株白茶花的根下，埋着一坛黄金。

这个小孩就把梦告诉另一个小孩，说完后，不禁叹息着："真可惜，这只是个梦！"

另一个小孩听了相当动容，从此在心中埋下了逐梦的种子，就说："你可以把这个梦卖给我吗？"

这个小孩买了梦以后，就往那座岛出发，千辛万苦才到达岛上，果然发现岛上住了一位富翁，于是他就自告奋勇地做了富翁的佣人。他发现，花园里真的有许多茶树，茶花一年一年地开，他也一年一年地把种茶花的土一遍一遍地翻掘。就这样，茶树愈长愈好，富翁也就对他愈来愈好。终于有一天，他由白茶花的根底挖下去，真的掘出了一坛黄金！

买梦的人回到了家乡，成了最富有的人；卖梦的人，虽然不停地在做梦，但他从未圆过梦，终究还是个穷光蛋。

梦虽然遥不可及,但只要坚持,一样会有实现的一天。

人因梦想而伟大,没有梦想的人生,也是最枯燥乏味的人生啊!

18. 阔步人生

那一年夏天,一个8岁的男孩与同学相伴去同学的爷爷家。同学的爷爷是个退伍军官,住在一座独院的两层楼内,院内还有一个红砖砌成的小花坛。

一直住在泥草搭建的临时窝棚的男孩被眼前的景色惊呆了,他从未见过如此漂亮的住处。

门开了,同学走了进去,可男孩怎么也迈不开脚,他不敢踏上那光洁明亮猩红色的地板。

开门的是一位高大威严的军人,一脸虎气,毫不犹豫地把门关上了。他不会想到的是,关在门外的男孩生平第一次产生一种奇怪的心情,而且哭着回家了。

妈妈擦干男孩的眼泪说:“不要怕别人家漂亮的地板,再漂亮的地板也是让人踩的。人不自卑,任何地板都会留下我们的脚印。”

妈妈的一番话深深地印在男孩的心里,也是生平第一次,他学习到做人的意义。从此以后,他在任何“漂亮的地板”上都是昂首阔步。他知道,人永远比“地板”尊贵。

19. 渔夫的誓言

古时候,有一个渔夫是出海打鱼的好手。他有一个习惯,每次打鱼前都要立下一个誓言。有一年春天,听说市面上墨鱼的价格最高,于是他立下誓言:这次出海只捕捞墨鱼,好好赚它一笔。但这一次鱼汛所遇到的都是螃蟹,他非常懊恼地空手而归。等他上了岸,才得知现在市面上螃蟹的价格比墨鱼还要高，他后悔不已，发誓下次出海一定打螃蟹。

第二次出海，他把注意力全放在螃蟹上，可这一次遇到的全是墨鱼，不用说，他又只能饿着肚皮回来了。他懊悔地发誓，下次出海无论是遇到螃蟹还是墨鱼，全部都打。

第三次出海后，渔夫严格地遵守自己的诺言，不幸的是，他一只螃蟹和墨鱼都没有见到，见到的只是一些马鲛鱼，于是，渔夫再一次空手而归……

渔夫没有赶得上第四次出海，他在自己的誓言中饥寒交迫地死去。

这当然只是一个故事而已，世上没有这样愚蠢的渔夫，但是有这样愚蠢至极的誓言。

20. 生命的林子

唐朝有位僧人叫玄奘，他刚剃发的时候，在法门寺修行。法门寺是个香火鼎盛、香客络绎的名寺，每天晨钟暮鼓，香客如流。玄奘想静下心神，潜心修身，但法门寺法事应酬太繁，自己虽青灯黄卷苦苦习经多年，但谈经论道起来，自己远不如寺里的许多僧人。

有人劝玄奘说："法门寺是个名满天下的名寺，水深龙多，纳集了天下的许多名僧，你若想在僧侣中出人头地，不如到一些偏僻小寺中阅经读卷，这样，你的才华便会很快光芒迸露了。"

玄奘思索了许久，觉得这话很对，便决意辞别师父，离开这喧喧嚷嚷高僧济济的法门寺，寻一个偏僻冷落的深山小寺去。于是玄奘就打点了经卷、包裹，去向方丈辞行。

方丈明白玄奘的意图后，问玄奘："烛火和太阳哪个更亮些？"玄奘说："当然是太阳了。"方丈说："你愿做烛火还是太阳呢?"

　　玄奘认真思考了好久，郑重地回答说："我愿做太阳！"于是方丈微微一笑说："我们到寺后的林子去走走吧。"

　　法门寺后是一片郁郁葱葱的松林。方丈将玄奘带到不远处的一个山头上，这座山头上树木稀疏，只有一些灌木和零星的三两棵松树，方丈指着其中最高大的一棵说："这棵树是这里最大最高的，可它能做什么呢？"玄奘围着树看了看，这棵松树乱枝纵横，树干又短又扭曲，玄奘说："它只能做煮粥的薪柴。"

　　方丈又信步带玄奘到那一片郁郁葱葱密密匝匝的林子中去，林子遮天蔽日，棵棵松树秀颀、挺拔。方丈问玄奘说："为什么这里的松树每一棵都这么修长、挺直呢？"

　　玄奘说："都是为了争着承接天上的阳光吧。"方丈郑重地说："这些树就像芸芸众生啊，它们长在一起，就是一个群体，为了一缕阳光，为了一滴雨露，它们都奋力向上生长，于是它们棵棵可能成为栋梁。而那远离群体零零星星的三两棵，一团一团的阳光是它们的，许许多多的雨露是它们的，在灌木中它们鹤立鸡群，没有树和它们竞争，所以，它们就成了薪柴啊。"

　　玄奘听了，便明白了。玄奘惭愧地说："法门寺就是这一片莽莽苍苍的大林子，而山野小寺就是那棵远离树林的树了。方丈，我不会再离开法门寺了！"

　　在法门寺这片森林里，玄奘苦心潜修，后来终于成为一代名僧。他的枝叶，不仅伸过云层，伸进了天空，而且，承接了西天辉煌的佛光。

　　是的，一个成才的人是不能远离社会这个群体的，就像一棵大树，不能远离森林。

21. 一条鱼眼中的海

有一条鱼在很小的时候便被捕上了岸，渔人看它太小，而且很美丽，便把它当作礼物送给了女儿。小女孩把它放在一个鱼缸里养起来，每天它游来游去总会碰到鱼缸的内壁，心里便有一种不愉快的感觉。

后来鱼越长越大，在鱼缸里转身都困难了，女孩便给它换了更大的鱼缸，它又可以游来游去了。可是每次碰到鱼缸的内壁，它畅快的心情便会黯淡下来。它有些讨厌这种原地转圈的生活了，索性静静地悬浮在水中，不游也不动，甚至连食物也不怎么吃了。女孩看它可怜，便把它放回了大海。

它在海中不停地游着，心中却一直快乐不起来。一天，它遇见了另一条鱼，那条鱼就问它："你看起来好像闷闷不乐啊？"它叹了口气说："唉，这个鱼缸太大了，我怎么也游不到它的边！"

心就是一个人的翅膀，心有多大。世界就有多大。如果不能打碎心中的四壁，即使给你一片大海，你也找不到自由的感觉。

22. 小乌龟谈理想

一天，几只小乌龟聚集在一起玩耍。玩得正起劲时，它们中有人提议分别讲讲自己的理想。

于是，大家就争先恐后地讲起了自己的理想。

一只小乌龟说：

"我长大以后，想成为一只敏捷的兔子，那样就可以永远脱去这无比沉重的龟壳了！"

又有一只小乌龟说：

"我想要变成一只大象，建立一个只有我说了算的王国，打败所有的动物，自己称王。到那时，我就可以享尽荣华富贵了。"

又有一只小乌龟站出来说：

"你们的理想都不切实际，我的理想就是要让自己变成一条美丽的小金鱼，彻底与我们乌龟家族的丑陋决裂。"

就在大家都谈论得兴高采烈的时候，有一只很小的乌龟却一句话也没有说。

大家就问它："你怎么一句话也不说呀？你是不是没有理想呀？每一只乌龟都应该有自己的理想，你的理想是什么？快说来听听。"

最小的乌龟听了之后，说道："我怎么没有理想？我的理想就是要让自己成为一只真正的乌龟，不给我们的先辈丢脸！"

23. 小老鼠立志

小老鼠向动物们夸下海口："诸位，我已立下了一个远大的志向——攀登珠穆朗玛峰，成为第一个登上世界屋脊的老鼠。"

"哈哈哈……"

"嘻嘻嘻……"

动物们忍俊不禁，发出了一片讥笑声。"怎么，你们不相信?"小老鼠愤慨地说，"总有一天，你们会看见我站在珠穆朗玛峰顶上向你们招手的!"打这天起，小老鼠便托着腮帮子想呀想，想找到一个攀登珠穆朗玛峰的办法。

一朵白云从天边冉冉飘来，又向珠穆朗玛峰悠悠飘去。小老鼠想，我如果能驾白云，登上珠峰一定没问题。

风吹着口哨跑过来，呼啦啦向珠穆朗玛峰奔过去。小老鼠想，风要是肯帮忙，我的志向保证能实现。

一弯月牙高高地悬在星空，像小船一样飘呀飘。小老鼠想，我要能搭乘这只小船该多好！双手握着桨，轻轻地摇呀摇，一会儿就摇到珠穆朗玛峰顶上去了。

小老鼠不停地想呀想，好主意想出了一个又一个，一直到胡子老长老长，它也没向珠峰攀登一步。

"小老鼠，你为什么没有攀上珠穆朗玛峰呢？"

"小老鼠，我们等着看你站在珠穆朗玛峰顶上向我们招手呢！"

"小老鼠，你什么时候能实现自己的远大理想？"叔叔伯伯阿姨婶婶哥哥姐姐还有弟弟妹妹们见了小老鼠就问。

小老鼠满面通红，无言回答。

从这以后，小老鼠再也不好意思见人，只好等人们都睡觉了，才悄悄地溜出来找点东西吃。

24. 给猫挂铃铛

一群老鼠在富翁家里过着无忧无虑的生活，不愁吃喝，安乐自在地繁衍后代。

但就在老鼠们逍遥自在地享受美好生活的时候，富翁的家里来了一只猫。这只猫是捉老鼠的能手，老鼠的数目眼看着一天一天地减少，如果再这样继续下去，老鼠家族就要灭亡了。

老鼠们为此召开了一次全体会议。会场上很安静，死亡的阴影笼罩了整个会议。在智能测试中获得第一名的老鼠站了起来，清了清嗓子说："我现在想出了一个好办法。大家都知道，所有的威胁都来自那只猫，我们只要躲开它，不被它抓住就行了。我们可以把一个铃铛挂到猫的脖子上，一旦猫向我们靠近时，铃铛就会发出声音。我们听到铃声躲到洞里不就行了吗？"

聪明绝顶的老鼠说完，会场里响起热烈的掌声："对呀，真是个好主意啊！"

当大家都很高兴时，一只小老鼠的话立刻使热闹的会场恢复了先前的宁静。小老鼠说："可是由谁把铃铛挂到猫脖子上去呢？"

25. 小百灵拜师

动物们举办仲夏夜纳凉歌会。小百灵看了演出后，感到妈妈的歌太平凡了，她决心要闯出一条新路子，成为一个超时代的音乐全才。

她找到趴在柳枝上荡秋千的蝉说："蝉叔叔，您的歌唱得真好听，我跟您学唱歌好吗？"

"知——"蝉高兴地耍了一个花腔，说，"孩子，你有声鼓吗？"

"声鼓？什么声鼓？"百灵鸟瞪大了眼睛。

蝉拍拍自己的腹部说："你瞧，我这儿有两片盖板，每块盖板下都有一个声鼓。我是用鼓膜的振动来唱歌的。你跟我学唱歌，要有声鼓才行啊！"

小百灵低头看看自己长满绒毛的肚子，失望地飞走了。

小百灵又对躲在墙洞中拉琴的蟋蟀说："蟋蟀大哥，你的琴拉得棒极了！请你教我拉琴行吗？"

蟋蟀张开翅膀拉了一支曲子后说："孩子，你把提琴带来了吗？"

"啥？提琴？提琴在哪儿？"

蟋蟀伸出双翅："你瞧，我这右前翅的基部有一个锯条一样的音控，这是弓；左前翅的基部有一个可刮击的刮器，这是弦。拉琴，没有弓和弦怎么拉？"

小百灵张开翅膀，左看看，右瞅瞅，羞得红了脸。

在一个清澈的水塘边，小百灵找到了青蛙。她说："青蛙哥哥，我想跟你学敲鼓。"

青蛙"呱呱、呱呱"地示范表演了一气。没等他表演完，小百

灵已偷偷地溜走了。因为她发现，青蛙在敲鼓的时候，腮帮上有两个气泡一鼓一鼓的。这个乐器，她也没有。

傍晚，小百灵精疲力竭地回到妈妈身边，羞愧地对妈妈说："妈妈，我还是跟你学唱歌吧！"

妈妈把她紧紧地搂进怀里。

26. 缸里的金鱼

一只精致的玻璃缸里，养着一对美丽的金鱼。

那是有名的水泡眼：一条墨黑，一条鲜红。两条金鱼都有远大的志向，不平凡的抱负。且说这一天清晨，明丽的朝阳染红了半缸清水，遍体通红的水泡眼金鱼，更是熠熠生辉。他摇头摆尾地说道："我们要勇敢些，先投身于小溪，再游进浩瀚的江中，然后闯入无边的大海。毫无疑问，在安静的环境里待久了，会逐渐消沉，最后变成碌碌无为的庸才……"

"你说得太对了！"黑水泡眼一连吐出三串气泡，豪情满怀地接口道，"不能再犹豫了，只有波涛翻滚的大海，才是我们的安身立命之所，才是我们大显身手建立功勋的场地。"

"说得好，我们今天就出发吧。"

"应该，应该。"黑水泡眼爽快地响应。

然而，两条金鱼才激动地兜了几个圈子，便一齐陷入了沉思，两对水泡眼互相瞅着。

"如果，如果……"红水泡眼吞吞吐吐地说，"真到了江河、大海的话，谁按时供给我们食物呀？"

"不错，这确实是个大问题，"黑水泡眼惶惑地张开嘴，讷讷地说，"怎么办？待会儿再商量吧。"不久，两条金鱼又谈起入海的事来。最后一切均已谈妥，决心已下，只待告别水缸了。正在这时，

有人把食料投下。水缸里顿时好不热闹，两条金鱼张开大口，十分开怀地抢吞着佳肴美馔，那宏伟计划的最后一丝影子，也就被抛到九霄云外去了。

以后，他们虽然每天多次议论着去大海的事，不过直到目前，这对金鱼依然待在精致的水缸里，悠然自得地游来晃去。

27. 商鞅变法

战国初年，周王室的统治已经名存实亡了。主宰天下的是齐、楚、燕、韩、赵、魏、秦七国。这七国不断地进行兼并战争，都想统一天下。如何加强实力呢？出路只有一条，就是改革。当时各国纷纷进行改革，秦国也是其中之一。

地处西陲的秦国，因经济、文化落后，百姓蒙昧，国力衰微，常遭魏国等中原大国的歧视和欺负。这种形势逼得秦国不得不进行改革。

公元前361年，秦孝公即位，他决心改变秦国的形象。当时有卫国人公孙鞅，欲展才学。他见到孝公的求贤令后，便投奔到秦国。公孙鞅见到秦孝公，阐述自己的治国理论，认为秦国要想强盛，唯有变法图新。孝公闻言大悦，与公孙鞅秉烛达旦三日。秦孝公变法决心既定，封公孙鞅为左庶长，统令变法事宜。

公孙鞅的变法措施很快获得秦孝公的首肯，就要正式出台了。公孙鞅怕老百姓不信任他，不把新法当回事，就想出了一个主意。他叫人在南门立了一根木桩，并告示说："谁能把这根木头扛到北门去，赏他10两金子。"此言一出，观者哗然，因为扛这根木头到北门去实在不是一件太难的事。大家议论纷纷，但就是没人上前，都怕其中有诈。

看到围观者越来越多，公孙鞅又下令将赏金加到50两。话音刚

落，一个红脸汉子推开人群走到木头跟前说："我来试试，最多不过是白扛一趟呗。"说着，他一哈腰，一较劲，一下子将木头扛到肩上，大步流星直向北门走去。左庶长公孙鞅连声夸赞这汉子是个好百姓，并当众兑现了赏金。

这件事一下子就在全城轰动开了，大家都说左庶长言而有信，对他下的命令一定要认真执行才是。

公元前356年，公孙鞅的变法令正式公布了。

经过几年的变法图新，秦国的实力大为提高。老百姓男耕女织，粮食布帛渐渐多了，社会秩序也好得多。出现了夜不闭户，路不拾遗的升平局面。秦国渐渐富强起来。

28. 韩信受胯下之辱

汉初名将韩信出身平民，性格放纵而不拘礼节。未被推选为官吏，又无经商谋生之道，常常依靠别人糊口度日，许多人都讨厌他。韩信的母亲死后，穷得无钱来办丧事，然而他却寻找又高又宽敞的坟地，要让那坟地四周可安顿得下一万家。

韩信曾在一个亭长朋友家吃闲饭，久而久之便引起亭长妻子的不满，时常指桑骂槐的数落人。韩信看出他们的用意，一怒之下同亭长绝交而去。

无奈之下，韩信只好在城下以钓鱼为生。河边有一老妇经常在这里洗纱。见韩信饿得可怜，就时常给他一些饭吃，一连几十天都是这样。韩信对这位老大娘感激莫名，对她说："我一定会重重的报答你。"老妇很生气，斥责韩信："大丈夫不能自食其力，我只是可怜你才给你吃食，难道是为了让你报答我吗？"

淮阴屠户中有个年轻人见韩信整日落魄无依，很看不起他，就想侮辱韩信，轻蔑地说："别看你身材高大，整天带着长剑，其实你是胆小鬼。"并当众嘲弄他说："如果你真是大丈夫的话，就把我刺死，如果不敢杀我——"年轻人高傲地仰头看了看天，接着说："那就从我胯下钻过去。"

韩信大怒，怒目而视，有心拔剑挺身而上，但转念一想，为此事杀人而废终生抱负，不值得。注视对方良久，眼光渐渐由狂怒变成平和和不以为意。慢慢低下身来，从他的胯裆下爬了出去。在一片哄笑声中，韩信仰首挺胸而去。

29. 韩信背水一战

公元前204年，楚汉两军在荥阳相持不下，楚军稍占上风。为打开僵持局面，汉军大将韩信率军对魏、赵、燕、齐等国进行征讨。

战争开始进行的很顺利，很快便收降了魏国。进而进军至井陉口，准备进攻赵国。赵国谋士李左车主张一面堵住井陉口，一面派兵抄小路切断汉军粮道。汉军孤军深入，没有后援，必然溃败。但大将陈余不听，坚持要与汉军进行正面作战。

他命令部队在离井陉三十里的地方安营。随后，他派出两千轻骑从小路隐蔽前进，要他们在赵军离开营地后迅速冲入赵军营地，换上汉军旗号；又派一万军队故意背靠河水排列阵势来引诱赵军。

赵军将领望见汉军背水摆阵，不禁哈哈大笑，议论纷纷。要知道背水摆阵，是兵家大忌，等于断绝自己的退路，使自己陷于绝境，自取灭亡。陈余见韩信中了圈套，心中不禁暗喜。

第二天，天刚蒙蒙亮，韩信率领一支精兵，向赵军进攻。

不一会儿韩信带领的部队假意退到河边，跟原来背水列阵的主力会合了。赵军全部出营追赶，这时韩信命令主力部队全部出击，背水结阵的士兵没有退路，唯有拼死作战。赵军渐渐不支，正要回营，忽然营中已遍插汉军旗帜，顿时全军溃散，陈余被斩杀，汉军

大获全胜。

30. 朱买臣负薪勤读书

朱买臣出生于西汉年间，从小老实厚道，苦读诗文，但是在二十多年的苦苦努力中，屡次遭受挫折，家境也日渐没落，最后潦倒到无以为生的地步，只得砍柴度日。

这样，妻子崔氏不高兴了，时常与朱买臣吵吵闹闹，还常说些伤感情的话。朱买臣有口难辨，只得耐着性子忍受。

一天，朱买臣心事重重地走在回家的路上，只见他瘦瘦高高的个子，衣服破旧，五十岁不到的人，头发稀疏，早早地花白了。想想也恨自己，除了读书什么也干不了。爬到烂柯山上砍好两担柴，再挑到集市上去卖，就浑身疲惫得连叫卖声都喊不出来了。前一天又偏遇着泼妇强赊走了两担柴，说好今天在集市上还钱，白白等了一上午也不见她送柴钱来。朱买臣心想，崔氏又要跟他吵闹了。

果然，朱买臣回家后刚一开口，崔氏就大骂起来："看你那穷酸的样子！难道让我一辈子陪你受冻挨饿不成？你还是趁早休了我吧！"朱买臣劝慰道："娘子，我昨天从前街经过，遇到一位相士说我五十岁的时候会苦尽甘来，如今我已经四十多岁了。既然你已经跟随我过了这么多年的艰苦日子，就再坚持几年，等我飞黄腾达时会加倍报答你的。"

妻子恼怒地回答："陪着你这样吃苦，最终只会饿死在打柴路上，又怎么可能富贵！"自从被崔氏逼写休书后，朱买臣一边砍柴谋生，一边更加发愤读书。他在乡绅王安道、杨小先的资助下，到了京城，终于凭着自己的才华一举成名。后来，朝廷委任朱买臣担任了会稽太守的职务。

31. 祖逖闻鸡起舞

东晋时的朝廷安于统治江南，忙于争权夺利，无心收复北方被匈奴占领的广大地区。被占领地上的人民有家难回，苦不堪言。

祖逖和好友刘琨在司州当小吏，两人眼看着国家内忧外患，人民流离失所，不禁为国家的前途担忧。他们常常一起谈论天下大事，立志要担负起拯救民族于危难之中的重任。

他们互相勉励，决心抓紧时间，苦练本领，约定每天清晨一起起来练剑。有一次，他俩一起谈论天下的形势，一直到后半夜，两人越说越激愤，都睡不着觉。躺了一会儿，鸡就开始叫第一遍了。听到鸡叫，祖逖再也躺不住了，他对刘琨说："听，鸡叫得多么嘹亮啊，好像是战场上的鼓声一样让人振奋，我们起来去练剑吧！"于是两人起来穿好衣服，来到院子当中，他们把满腔的激情，全部倾注在宝剑上，越练越有劲。

就这样，不论盛夏严寒，他们每天鸡叫就起来舞剑，练就了一身好武艺。后来，祖逖向晋元帝要求北伐，元帝给了他一些给养和布匹，让他自己招兵买马。于是祖逖带着人横渡长江，他在江心用船桨打着船帮，对大家发誓："若不收回中原，我绝不再过这条江！"

祖逖在江北制造兵器，招兵买马，很快就聚集了几千人。经过了艰苦的战斗，收复了黄河以南的全部领土。

32. 陶弘景追根问底

陶弘景是我国南朝齐梁时期道教思想家、医学家。他博学多才，具有很强的钻研精神，在学习中遇到疑难问题，非要弄清才肯罢休。

有一天，他读到《诗经》里记载螟蛉（一种细腰蜂）的诗句。

据传说，螺蠃只有雄的，没有雌的。雄的螺蠃飞到菜地里，偷偷地把另一种名叫螟蛉的幼虫衔回窝，祈祷说："像我吧！像我吧！"螟蛉的幼虫就变成了螺蠃的儿子。根据这个传说，人们就把领来的儿子叫做"螟蛉子"。

陶弘景对这个传说始终抱怀疑态度。他查阅了许多书籍，都记载着类似的传说。于是，他决定亲自去观察，把事情弄明白。

一次，他找到一窝螺蠃，聚精会神地观察，发觉它们成双成对，有雄也有雌，窝里不仅有螺蠃衔来的螟蛉，还有螺蠃的幼虫。过了两天，他发现螺蠃的幼虫把螟蛉吃光了，还变成了蛹。又过了几天，蛹变成螺蠃飞走了。

陶弘景终于揭开了螺蠃衔螟蛉的秘密：原来螺蠃也有后代，螟蛉是被衔到窝中给幼虫当食物的。从这件事中陶弘景更体会到：凡事最好亲自观察，绝不能人云亦云。

陶弘景坚持这种科学态度，对中药学也进行了研究。他写成了《本草经集注》（七卷本），还创造了"诸病通用药"分类法，一直沿用了一千多年。

33. 贾岛专心致志推敲诗句

贾岛是唐代诗人，曾经出家为僧。后来，韩愈读了他的诗，劝他还俗。他屡次考进士没有成功，到唐文宗时才任长江主簿，人称贾长江。他的一生始终在穷困中度过，写诗喜欢写荒凉孤寂的境况，贫寒苦难的言辞很多。以五律见长，写作态度严谨，注重词句锤炼，讲求对仗，刻意求工。"推敲"的典故就是由其诗句"僧敲月下门"而来。

贾岛初赴京城，一天骑在驴背上想出了两句诗："鸟宿池边树，僧推月下门。"写完后，思索良久，想把"推"改为"敲"。但考虑再三还是不能取舍，于是坐在驴背上低吟起来，并时时用手做势。这时，韩愈的官车就在旁边，贾岛因为精神高度集中，对周围的一切视而不见，不知不觉竟然撞了上去，直到韩愈的部下们拥到他身前，他还在做手势，定不下该用"推"还是"敲"。

韩愈的部下把惊恐万状的贾岛押到韩愈跟前，韩愈问明情况后，为贾岛的诗句定了"敲"字。

韩愈帮贾岛斟定"僧敲月下门"，是取了"敲"字的声音，他认为上句的"鸟宿池边树"，该已经夜深人静、关门上闩的时候，门用"推"是推不开的，所以只好"敲"了。

34. 陆游的"书巢"

陆游是南宋杰出的爱国诗人，也是著名学者。

他从童年开始，就热爱读书。先秦两汉以来的各种重要著作，无不阅览钻研。白天读，夜里思考，坚持不懈。

他是在金兵入侵、中原沦陷、民族危机深重的年代里长大的。敌人的残暴，人民群众的英勇斗争，激发了他的爱国精神。他勤学苦练，为的是挽救国家的危亡。

为了吸取历史经验，寻求救国之道，陆游发愤苦读，并且给自己住的房子取了个形象的名字："书巢"。

有人问他："喜鹊在树上结巢，燕子在梁上结巢。上古有巢氏，是因为那时还不会修房子。帝尧时代，老百姓也曾经结巢而居，因为那时洪水泛滥，平地上住不成。你现在幸而有房子可以住，门啊，窗啊，墙垣啊，应有尽有，和一般人的房子一模一样，却偏偏叫做'巢'，这是什么原因呢？"

他回答说："在我的房子里，柜中装的是书，面前堆的是书，床上枕的、铺的也是书。总而言之，一眼望去除了书还是书。偶然想

走动走动，却被乱书包围起来，简直寸步难行，往往自己也笑起来说：'这岂不是我所说的巢吗?'"

客人不信，陆游便带他走进"书巢"看看。起初，这个人被书挡住了，进不去，后来，好不容易钻进巢，又被书围得水泄不通，左冲右突，还是出不来。于是客人哈哈大笑道："一点儿也不假，像个巢，像个巢!"

35.　不断克服自己的弱点

歌德是德国著名诗人、剧作家和思想家。

歌德小时候身体很虚弱，有严重的头晕病，一到高处就觉得天旋地转的，非常害怕。于是小歌德决心通过锻炼，克服自身的弱点。

他家附近有一座高高的教堂。一天吃完晚饭，他独自跑到那里，一层一层地往上爬，一口气爬到了教堂的顶楼。开始，他害怕得不得了，静静地坐在那里，紧闭着双眼，不敢向四周看一眼。十多分钟后，他才鼓起勇气，让眼睛慢慢睁开一条缝，朝外面看一两眼，但还是觉得很害怕，他又赶紧闭上双眼。过了一段时间，小歌德的胆子大了一点儿。他在心里暗暗对自己说："再勇敢一点儿，一定要面对困难，战胜它。"然后，他坚定地睁大了双眼，一动不动地向四周眺望。一幅壮观美丽的图画展现在他的面前：苍翠茂盛的树木，宽阔碧绿的原野，高低不齐的房屋……充满生机的大自然，使小歌德受到了极大的鼓舞，于是他不再害怕了，还觉得站在高处看到的景色更美。他对着窗外，张开双臂，开心地叫道："啊，我终于克服了自己的弱点，战胜了恐高症! 我胜利了!"

在以后的生活中，歌德不断克服自身的一个又一个弱点，并不断地走向成功。

36. 爱读书的小伙计

高尔基小时候家里很穷，没有办法，他只好到一家裁缝店当学徒。在裁缝店里，小高尔基一边干活，一边想方设法读书。老板订了一份《俄罗斯报》，小高尔基就趁老板不在时，偷偷看这份报纸。

有一次，小高尔基从邻居家借来一本小说，趁老板晚上睡着以后，在窗外借着月光津津有味地读起来。过了一会儿，月亮躲到了云层后面，小高尔基兴致正浓，怎肯罢手，就点起一盏小油灯继续看下去。不一会儿，老板醒过来，他看见小高尔基在油灯下如痴如醉地看一本厚厚的书，不由怒气冲冲地说："看什么看，你把我家的灯油都快用光了！"老板娘也醒过来，像一头母狼似的扑上去殴打小高尔基。

小高尔基无法忍受下去，他二话不说，头也不回地离开了裁缝店。

小高尔基背着行囊来到伏尔加河边，他注视着波光点点的伏尔加河，心里感觉有些悲伤。可是很快他又看到了生活的希望，因为他在一艘轮船上遇到一位和蔼可亲的胖厨师，并做起了胖厨师的洗碗小伙计。更让小高尔基感到惊喜的是，胖厨师是个书迷，他有满满一箱的书，而且愿意让小高尔基随便读。小高尔基高兴极了，一有空闲时间就如饥似渴地读书，有时还和胖厨师一起讨论书中的各种问题。

小高尔基一边读书一边思索，从大量的书籍中明白了许多人世间的道理。大量的阅读也为他以后的文学创作提供了丰富的滋养，使他最终成为苏联大文豪。

37. 小邓肯卖东西

邓肯是美国舞蹈家，现代舞派创始人。在她很小的时候，她的父母亲就离了婚，邓肯便和她的哥哥姐姐跟随母亲一起生活。有一次，邓肯的妈妈给一家商店编织了一些东西，准备用赚来的钱买食物，可是东西编织好以后，商店却不肯要了。她妈妈非常伤心，因为这些东西卖不出去，就没有钱给家里买食物了，那么全家人就要挨饿。她妈妈越想越伤心，最后就坐在门槛上哭了起来。

这时，小邓肯走过去对妈妈说："我们在这里哭也不是办法啊。妈妈，把这些东西给我吧，我一定会把它们卖出去的。"说着，就从妈妈手里接过篮子。她先从篮子里拿出妈妈织的帽子和手套戴在头上和手上，然后挨家挨户去叫卖。

聪明的小邓肯把自己家的困难编成一首歌，每到一家就唱出来，并把帽子和手套展示给他们看。漂亮的帽子和手套立刻受到了农妇们和孩子们的喜爱，很快，帽子和手套全都卖掉了。小邓肯高兴地跳着舞，拿着赚来的钱去买家里需要的食物了。

在后来的生活中，邓肯遇到了更多的困难，但她从不屈服，总是鼓足勇气，想出办法克服它们。她的勇气和智慧终于使她成为一位伟大的舞蹈家。

38. 主宰自己

一个年轻人跪在地板上擦上面的脏物，这时，一位老者走了过来，他很疑惑，为什么这个年轻人每擦一下就虔诚地磕一个头。于是他上前问年轻人在做什么，年轻人回答说："我在感谢圣人呢！"

老者更加不解了，便问道："你为什么要感谢圣人呢？"年轻人回答："圣人帮助我找到这份工作，我才有了固定的收入，过上安定的生活。"老者严肃地说："我和你的情况很相似，我也曾经遇到过一位圣人，他使我成为一个富翁。或许你可以去拜访一下他，他会给你更大的帮助。"

年轻人高兴地说："我从小没有父母，是乡亲们把我养大的。如果您说的圣人能够让我得到更多的钱，我就可以报答那些帮助过我的人了。这位圣人住在哪儿呢？"老者说："北边有一座雪山，你在那里可以找到他。"

年轻人听从老者的话，只身去寻找圣人。他风餐露宿，爬冰卧雪，历尽艰辛，终于登上了雪山的顶峰。在寒风呼啸的山顶，他到处寻找，却连一个人的影子也没有看到。

于是，他很失落地回来了。见到老者后，他不解地说："我登山的时候一直注意寻找圣人，可是直到山顶也没有见到他。"老者问道："那么你见到谁了？"年轻人回答道："除了我自己，谁也没见到。"老者笑了："这就对了。因为除了你自己以外，根本就没有什么圣人，你就是自己的圣人。"

39. 耳聋的医生

庞安常是北宋时的医学家，医术非常高明，别人都称他为"神医"。

庞安常小时候就特别聪明，很早就能认字读书，书读过一遍马上就能记住。他的父亲是个医生，就教他记医学上的口诀，还特别拿扁鹊这样的名医所用的治病方法来教他。教了没多久，他已能领悟出其中的道理，并且时常有自己新的想法提出，跟父亲争辩也能据理力争，而且让人心悦诚服。父亲非常吃惊，因为当时的庞安常还是个孩子。

后来，庞安常幼年时患下的耳病发作，听力不行了，耳聋得厉害，与他谈话，不得不用笔谈。然而，这一点也没有妨碍他对医学愈来愈深入的研究，甚至正因为他耳朵听不见，倒更加能够专心于研究，从而达到了极高的造诣。

当时他的医名传遍全国，许多学者在笔记中常常提到庞安常的事迹。苏东坡在《东坡杂记》中特别写下了他和庞安常谈话的情形，颇为有趣。东坡写道："庞安常善医而愤，与人语，书在纸，始能答。东坡笑曰：'吾与君皆异人也。吾以手为口，君以眼为耳，非异人而何？'"意思是说：庞安常虽然耳聋却聪慧过人，（别人）拿纸写字，没写几个字，（庞安常）就透彻地了解了写字人的意思。我跟他开玩笑说：'我用手（写作）来作为嘴（说），您用眼睛（观察）来作为耳（听），（我们俩）都是这个时代奇异的人啊'。

40. 笨鸟先飞

清朝时有一位著名的学者，名叫章学诚。他小时候并不是一个聪明的孩子，在私塾念书时，别的孩子念书背一功课，很快就滚瓜烂熟，而他则感到十分吃力。每天放了学，别的孩子高高兴兴地玩耍去了，章学诚却不得不一遍又一遍地复习当天的功课。

看到儿子这个样子，父亲又着急又难受，亲戚们也说："看来这个孩子智商有点问题，长大不会有出息了。"

章学诚听了这些话，却一点也不灰心。有一天，他读到一本叫《礼记》的书，上边有一段话："别人学一次就会了，自己学它一百次。别人学十次就会了，自己学它一千次。如果能这样做，再笨的人也一定能够聪明起来。"他觉得这段话非常符合自己的情况，就默默地记下来。从此以后，章学诚就以更加顽强的意志刻苦钻研，学习成绩有了显著提高。

在刻苦学习的过程中，章学诚还慢慢摸索出一套行之有效的学习方法。他觉得读书应该脑勤和手勤，脑勤就是认真独立思考，手勤就是大量地记读书笔记。这样，章学诚读书真正做到了温故而知新，学问和见识有了很大长进。后来，他写了一部非常有名的历史学著作《文史通义》，其中很多章节，就是来自于他平时所作的读书笔记。

41. 伟大的演说家

成为一名卓越的演说家是德摩斯梯尼从小就立下的志向。但是他天生口吃，嗓音微弱，还有耸肩的坏习惯。在常人看来，他似乎没有一点儿当演说家的天赋。德摩斯梯尼知道，自己要想达到这个目标，必须得进行刻苦的学习和训练。

一次，小德摩斯梯尼的爸爸发现儿子说话总是含含糊糊的，就问他原因。"爸爸，我在嘴里含了石头，听说这样可以改进发音呢，我想当演说家！"小德摩斯梯尼张开嘴，嘴里果然有一块小石头。爸爸不禁摇着头苦笑道："我并不指望着你能当什么演说家，只希望你能把话说的清楚就行了！"

爸爸哪里知道，含着石头说话只是小德摩斯梯尼锻炼自己的方法之一。为了去掉气短的毛病，他经常一边攀登陡峭的山崖，一边吟诗；为了改掉说话耸肩的坏习惯，他在头顶上悬挂一柄剑；为了坚持学习，他把自己剃成滑稽的阴阳头，使自己只能安心躲在家里练习演说……德摩斯梯尼不仅在训练发音上下了很大的功夫，而且还努力提高自己在政治、文学等各方面的修养。他研究古希腊的诗歌、神话，背诵优秀的悲剧和喜剧，探究著名历史学家的文体和风格，每天都手不离卷。

日子就这样过去了，经过十多年的磨炼，德摩斯梯尼终于成为

古雅典一名出色的演说家，他的著名演说为他赢得了不朽的声誉。他的演说词结集出版后，打动了千千万万的读者，成为古代雄辩术的典范。

42. 意外的收获

一个男孩在一位老人的修鞋摊前，修鞋老人给他修鞋的时候，他把双手插在口袋里默默地看着。过了一会儿，老人对他说："在这个时候你该做些什么！"男孩伸出残疾的双手，对老人说："我这个样子怎么能帮您呢？"

老人看了看他的手，摇摇头说："不，我说的不是让你用手帮我做什么，我只是想让你和我说说话，其实这才是我最需要的。孩子，你能给我讲讲你的经历吗？"

望着慈祥的老人，男孩讲述了童年时高压电怎样夺去了他的双手，这些年来所遭受的歧视以及自己逐渐养成的冷漠……

听完男孩的讲述，老人说："我爷爷曾给我讲过一个故事：一群人奉皇帝之命去追捕一只巨獭，眼看要捉到时，前面忽然出现了一条大河。巨獭飞快地跳入河中，然而河上没有桥，岸边也没有船，这些人只能眼睁睁地看着巨獭游到对岸。有一个人在别人懊丧之时，发现岸边有一片林子，树上长着许多果子，他顺手摘了一枚放在怀里。回去复命时，别人都遭到了皇帝的责罚，他却受到了嘉奖，就因为他摘了一枚果子回来。"

讲完这个故事，老人感慨地说："我爷爷总是告诉我，凡事不要钻牛角尖，与其自怨自艾，不如看看周围有没有别的收获。过不了河就摘一枚果子，这样也没有白跑那段路！"

告别了修鞋的老人，男孩心里充满了温暖的力量，因为他相信：自己虽然没有双手，却一样可以采摘到生命中诸多美好的果实！

43. 学做第一颗种子

春天到了，两颗种子躺在肥沃的土壤里，开始了它们准备生长前的对话。

第一颗种子说："我要努力向上生长，还要向下扎根，让自己的茎叶随风摇摆，歌颂春天的到来……"

话还没说完，就被第二颗种子冷冷地打断了："哟，你可真够勇敢的！向上生长你不怕遇到大风大雨吗？向下扎根你不怕有虫子咬你、石头压你吗？也许还没等春天来到，你就夭折了呢！"

"不尝试怎么知道结果呢？"第一颗种子反问道。

"不见棺材不掉泪，等你尝到现实的残酷的时候，你就会后悔的！"

"我才不怕呢！我还要感受太阳照耀脸庞的温暖，晨露浸润花瓣的喜悦。让我这有限的生命充满快乐，即使最终花谢、果落、根也枯，也要活得充实而无憾。"

"真是天真！我可没那么勇敢。"第二颗种子撇撇嘴说，"我若向下扎根，也许会碰到硬石；我若用力往上钻，可能会伤到我脆弱的茎；我若长出幼芽，难保不会被蜗牛吃掉；我若开花结果，只怕小孩儿看到会将我连根拔起，我还是等等再打算吧。要不随便怎么长都可以，反正总归一死。"说完长叹一口气，翻了翻身，又接着睡觉了。

刚好农夫从这里经过，他听完两颗种子的对话后，对第一颗种子很有信心，就对它勤于施肥、锄草和管理，使它茁壮成长；对第二颗种子没有信心，就懒得管它，任其逐渐枯死。

44. 失约

　　魏特利有幸在年少时，便学会了自立自强。他父亲在二次大战时身在国外，当他九岁时，在圣地亚哥附近，有一个陆军制炮兵团，驻扎的士兵和他成了好友，以消磨无聊的闲暇时间。他们会送魏特利一些军中纪念品，像陆军伪装钢盔、背带及军用水壶，魏特利则以糖果、杂志，或邀请他们来家中吃便饭，作为回赠。

　　魏特利永难忘怀那一天，他回忆道：

　　"那天我的一位士兵朋友说：'星期天上午五点，我带你到船上钓鱼。'我雀跃不已，高兴地回答：'哇哈！我好想去。我甚至从未靠近过一艘船，我总是在桥上、防波堤上、或岩石上垂钓。眼看着一艘艘船开往海中，真令人羡慕！我总是梦想，有一天我能在船上钓鱼。噢，太感谢你了！我要告诉我妈妈，下星期六请你过来吃晚饭。'"

　　"周六晚上我兴奋地和衣上床，为了确保不会迟到，还穿着网球鞋。我在床上无法入眠，幻想着海中的石斑鱼和梭鱼，在天花板上游来游去。清晨三点，我爬出卧房窗口，备好鱼具箱，另外还带备用的鱼钩及鱼线，将钓竿上的轴上好油。带了两份花生酱和果酱三明治。

　　四点整，我就准备出发了。钓竿、鱼具箱、午餐及满腔热情，一切就绪——坐在我家门外的路边，摸黑等待着我的士兵朋友出现。"

　　"但他失约了。"

　　"那可能就是我一生中，学会要自立自强的关键时刻。"

　　"我没有因此对人的真诚产生怀疑或自怜自艾，也没有爬回床上生闷气或懊恼不已，向母亲、兄弟姊妹及朋友诉苦，说那家伙没来，

失约了。相反的，我跑到附近汽车戏院空地上的售货摊，花光我帮人除草所赚的钱，买了那艘上星期在那儿看过、补缀过的单人橡胶救生艇。近午时分，我才将橡皮艇吹满气，我把它顶在头上，里头放着钓鱼的用具，活像个原始狩猎队。我摇着浆，滑入水中，假装我将启动一艘豪华大油轮，航向海洋。我钓到一些鱼，享受了我的三明治，用军用水壶喝了些果汁，这是我一生中最美妙的日子之一。那真是生命中的一大高潮。"

魏特利经常回忆那天的光景，沉思所学到经验，即使是在9岁那样稚嫩的年纪，他也学到了宝贵的一课："首先学到的是，只要鱼儿上钩，世上便没有任何值得烦心的事了。而那天下午，鱼儿的确上钩了！其次，士兵朋友教给我了，光有好的意图并不够。士兵朋友要带我去，也想着要带我去，但他并未赴约。"

然而对魏特利而言，那天去钓鱼，却是他最大的希望，他立即着手设定计划，使愿望成真。魏特利极有可能被失望的情绪所击溃，也极可能只是回家自我安慰："你想去钓鱼，但那阿兵哥没来，这就算了吧！"相反的，他心中有个声音告诉他：仅有欲望不足以得胜，我要立刻行动，要自立自强，自己开发属于自己的那一片沃土——潜能。

45. 自信的俄罗斯小姑娘

萧伯纳是20世纪英国著名的戏剧大师，他写过许多享有世界声誉的作品，深受各国人民的喜爱。

一次，萧伯纳代表英国去苏联参加一个活动。当他在大街上散步时，见到一位可爱的俄罗斯小姑娘，胖乎乎的脸蛋，长长的辫子，俏皮极了。他忍不住停下脚步，把自己当成一个孩子一样，和小姑娘玩了起来。小姑娘也很喜欢这个和蔼可亲的外国人，和他高兴地玩了起来。

　　玩了很长时间，萧伯纳该走了。分别的时候，萧伯纳俯下身，一只大手放在小姑娘的脑袋上，说："你回去可以告诉你妈妈，就说今天陪你玩的，是世界上有名的剧作家萧伯纳。"

　　他原以为小姑娘听完以后会高兴地跳起来，没想到，小姑娘听到后却十分平静，她拉着萧伯纳的手，抬起头天真地说："哦，我不像你那么出名，我只是一个和别人一样的小姑娘而已，不过，你回去时可以告诉别人，就说今天陪你玩的，是苏联的一位小姑娘。"

　　萧伯纳听了，心里愣了一下，他意识到自己有些太自以为是了，同时也深深地佩服这位小姑娘自信的神情。

　　从那以后，每当说起此事，萧伯纳还会说，这位俄罗斯小姑娘是他的老师，他一辈子都忘不了她。

46. 抬起头来

　　珍妮很自卑，因为她总是觉得自己不是一个漂亮的小女孩，因此，她连走路都是低着头。有一次，她低着头走在路上，路旁的几个坏男孩打招呼说："嗨，你怎么一直低着头走路啊？是不是长得很难看？"说完，哈哈大笑起来。珍妮赶紧逃开了。从此，她变得更加自卑了。

　　后来，她甚至都不敢和小伙伴们一起玩儿了，因为她觉得别人都比她漂亮，自己和她们在一起会低人一等。女孩们在一起总会叽叽喳喳，每当此时，珍妮总感觉别人是在嘲笑自己。虽然珍妮在外人面前很自卑，但她同样有一颗爱美的心。一天，珍妮在商场里看到一处柜台上放着各式各样的蝴蝶结，这些蝴蝶结正是伙伴们经常戴的那种。珍妮忍不住拿起一个，当场戴了起来。店主为了推销自己的商品，不住地称赞道："你真美，这个蝴蝶结戴在你头上再合适

不过了！"

珍妮虽然不大相信店主的话，但还是高兴地买下了蝴蝶结。她为了让人看到她的蝴蝶结，不由地昂起了头，连走出商场时与人撞了一下都没在意。

珍妮走进教室，迎面碰到了她的老师。"珍妮，你今天好漂亮！"老师爱抚地拍拍她的肩说。那一天，珍妮得到了许多人的赞美。她想这一定是蝴蝶结的功劳。于是，刚回到家里，她就想在镜前欣赏一下自己戴着蝴蝶结的样子，令她惊奇的是，头上竟然什么都没有。原来，就在她出商场与人发生碰撞时，那个蝴蝶结就被撞掉了……

47. 路途的顶端

鹅毛大雪下得正紧，漫山遍野都裹上了一层厚厚的雪。

有一位樵夫挑着两担柴吃力地往山上爬，他要翻过眼前的大山才能到家。樵夫一脚深一脚浅地走在山地雪路上，寂静的山头只听见脚踩着雪发出吱吱的响声。

肩挑沉重的柴，头顶凛冽的北风，樵夫每一步都走得十分费力。好不容易爬了一段路，满以为离山顶近了，可是他抬头仰望，看见前方仍是没个尽头。

樵夫沮丧极了，跪拜在雪地上，双手合十乞求佛祖现身帮忙。

佛祖现身问："你有何困难？"

"我请求您帮我想个办法，让我尽快离开这鬼地方，我累得实在不行了。"樵夫疲惫地坐在地上。

"好吧，我教你一个办法。"说完，佛祖把手向农夫身后一指说，"你往身后瞧去，看见什么？"

"身后是一片茫茫白雪，只有我上山时留下的脚印。"樵夫不解地说。

"你是站在脚印的前方还是后方？"

"当然是站在脚印的前方，因为每一个脚印都是我踩下去后才留下的。"樵夫理所当然地回答。

"孺子可教！如此即是说你永远站在自己走过路途的顶端。只是这个顶端会随着你脚步的移动而变化。你只需要记住一点，无论路途多么遥远、多么坎坷，你永远是走在自己路途的最顶端，至于其他的问题，你无需理会。"说完，佛祖便消失了。

樵夫照着佛祖的指示，果然轻松愉快地翻过山头回到家。

48. 跳芭蕾舞的骆驼

不知道小朋友们见没见过骆驼，他们虽然长得又丑又笨，但却很喜欢跳芭蕾舞。

在遥远的大沙漠里就有这样一只骆驼，他很希望自己有一天也能跳芭蕾舞给大家看。于是，骆驼每天都坚持练习芭蕾舞，练得可认真，可起劲了。骆驼对自己说："只要我持之以恒地练下去，总有一天，我会成为一名芭蕾舞演员的。"

就这样，骆驼冬练三九，夏练三伏。在沙漠骄阳似火的天气里，他也坚持不懈地练习着各种基本姿势，一直练了好几年。

这一天，骆驼觉得自己的舞技已经很不错了，就邀请了很多动物前来观赏自己的芭蕾舞。

表演的时候，骆驼特别卖力，使出了浑身解数。但是，那些前来观看的动物好像并不买账。有的动物甚至当面嘲笑他说："你的动作笨拙难看，离芭蕾舞演员还远着呢。"

听了这些话，骆驼难过极了，但是它并没有被耻笑所打倒。他只是觉得自己仍然需要加倍努力。于是骆驼继续坚持天天练芭蕾舞。

又过了几年，骆驼终于成了享誉动物王国的芭蕾舞演员。

49. 化装

灰蛤蟆早上起来照镜子，突然不高兴起来："我的皮肤一点儿也不绿，不像绿青蛙那么好看。"

灰蛤蟆哪儿也不想去，坐在地板上生气。绿青蛙来了，敲敲门，说："蛤蟆，是我，快开门！""我今天谁也不见，"灰蛤蟆说，"你回去吧。"

"我是你最好的朋友呀，难道你连我也不想见了吗？"绿青蛙惊讶地问。

"不见！"灰蛤蟆气冲冲地回答。

"灰蛤蟆为什么不高兴？他到底怎么了？我得让他重新快乐起来。"绿青蛙在心里这样想着。

绿青蛙绕到窗前，从窗口跳进屋，想尽一切办法逗灰蛤蟆笑。可是灰蛤蟆紧绷着脸，就是不笑。搔他痒痒，他不笑；说笑话给他听，他不笑；跳滑稽的舞蹈给他看，他也不笑。绿青蛙一点办法也没有了，坐下来陪灰蛤蟆一起生气。

灰蛤蟆不好意思啦，只好告诉绿青蛙他为什么不高兴："我的皮肤一点也不绿，没有你好看。"

"可惜，我不能把我的皮肤给你！"绿青蛙叹了口气说。他想啊想，有办法了！他跳起来，打开门冲出去。

不一会儿，绿青蛙拎着一大桶绿色的颜料回来了。他用刷子蘸上颜料，一下一下往灰蛤蟆身上涂。背上涂好了，涂脸上；脸上涂好了，涂四肢。"好了，去照照镜子吧！"绿青蛙放下刷子说。

站在镜子前，灰蛤蟆满意地笑了。他冲上来拥抱绿青蛙："走，出去玩去！"

他们走在路上，大家都回过头来看，说："真奇怪，这个走在绿

青蛙身边得意洋洋的家伙是谁呀？"

"是青蛙的好朋友灰蛤蟆呀！"灰蛤蟆回答。

大家都笑起来，摇摇头说："青蛙的好朋友是灰蛤蟆，不是你！"

"那我是谁？"灰蛤蟆低着头看自己，说："为了做青蛙的好朋友，我还是做灰蛤蟆吧。"

这时候天突然下起雨来，哗哗的雨水冲走了灰蛤蟆身上的颜料，灰蛤蟆又变成了原来的模样。

"青蛙的好朋友还是我，这真好！"灰蛤蟆说着，和绿青蛙手拉着手往前走去。

50. 重耳率众流亡

晋文公名字叫重耳，是晋献公的儿子。晋献公在他夫人死了以后，把他最宠爱的骊姬立为夫人。骊姬想立自己的儿子奚齐为太子，就逼死了太子申生，并且要阴谋杀害比奚齐年长的公子重耳和夷吾。重耳和夷吾只得分别逃到国外去避难。

晋献公死后，公子夷吾在秦穆公的帮助下，于周襄王二年（公元前 650 年）回国当了国君，就是晋惠公。

重耳逃出晋国后，晋国有才能的人如狐毛、狐偃、赵衰、介子推等都跟随着他。一天，他们走了几十里路不见人烟，太阳当头，饥饿难耐。后来遇到一个农夫，便想讨点吃的。农夫从田里捧起一块泥土给重耳说："这个给你吧。"重耳大怒，狐偃见状急忙劝阻说："老百姓送给我们泥土是好兆头啊，这是上天借他们的手给我们的恩赐，得土意味着得国啊！"重耳只好忍气上车，又经过一年的风餐露宿，终于到达齐国。

在齐国，重耳受到齐桓公的厚待，并把本家的一个美女齐姜嫁给重耳。重耳在齐国一住就是七年，渐渐的迷恋起眼前的安逸生活。后来狐偃等人在齐姜的帮助下设计把重耳骗出齐国。重耳只好再一次的颠沛流浪。相继投奔过曹国、宋国，最后到了楚国。楚成王对重耳也极为热情，然而重耳这次却与在齐国大不一样，他经常思考的是怎么回晋国。

一次，楚成王问重耳："公子如果回到晋国，怎么报答我呢？"重耳想了想，说："如果我能回国，一定与楚国和睦相处，将来万一两国发生战争，我一定退避三舍以报答您。"楚成王只当重耳是说笑话，并没在意，对他依然尊重。

后来，重耳得到秦穆公的帮助。在秦国军队的护送下，62岁的重耳终于顺利回国并夺取王位，这就是晋文公。到这时，他在外流亡已整整十九年。

51. 真才实学的兒宽

兒宽是西汉时人，他从小就勤奋好学，又很聪明。但兒宽的家庭很贫穷，没有钱财供他学习和研究学问。兒宽只好自力更生，维持学业。他曾给人当厨工做饭，还曾经被雇佣去耕田种地。他经常随身带着经书，每当休息的时候，就坐在田地旁认真地研读经书。因此，他的经书愈读愈精，经考试他做了掌故（掌管礼乐制度的官员），后来又当了刑狱部门的一个小官吏。

兒宽当小官吏的时候，其上司张汤身为廷尉，掌管刑狱。一开始，兒宽不熟悉刑狱工作，张汤便派他到北方管理牛羊，一去数年，积累了不少实际经验。后来，兒宽回到了廷尉府，根据实际感受写了自己如何管理牛羊的文章，报告给张汤。恰巧这时，张汤审理一个重要案件，但官吏们写给朝廷的奏章不合要求。兒宽详细了解了这个案件后，向廷尉府起草文件的官吏诉说了自己的看法，并提出写这个奏章的详细建议。官吏们一听，觉得兒宽讲的很有道理，就委托他来起草这个奏章。兒宽是个很有文才的儒生，又经过实际的锻炼，增长了才干，因此他很快便写好了这份奏章。官吏们读了，个个称赞不已，非常敬佩兒宽。

张汤看了兒宽写的奏章，同样折服于他的才能，于是召见兒宽，询问他许多关于刑狱和写文章方面的问题，兒宽对答如流，处处讲得有道理。张汤很赏识兒宽的文采和能力，便让他留在廷尉府，成为自己的得力助手。

52. 路温舒抄书勤学习

路温舒是西汉人。从少年时代起，他就热爱学习，但是家里很穷，父亲又在外担任看守大门的工作，没有时间帮家里劳动。他只好打消进学校读书的念头，每天赶着羊到野外去放牧。

在野外放羊，本来也可以读书。可是，他没有书，也没钱买，他为此苦恼着。

有一天，他赶着羊群来到池塘边，看见那里长着一丛丛又宽又长的蒲草。他灵机一动，心想："这不是很像古代抄书的竹简吗？"便采了一大捆背回家，把它们切成一样长的片子，连接起来。然后向人家借了书，挤出时间抄写。抄完了，便带到野外，一边放羊一边读。读完一本，再抄一本。

学习了一段时间后，他获得了不少知识，便请求到监狱里做小吏。趁做小吏的机会，又刻苦钻研，熟悉了当时的法律条令，因此被提升为狱吏。每当衙门里有什么疑难问题，人们都会找他出主意、想办法。

由于路温舒刻苦学习，掌握了丰富的历史知识，又关注现实，了解监狱的黑暗，因而能够引古证今，向汉宣帝提出尖锐的意见。在意见书里，他抨击了狱吏的罪恶，希望汉宣帝推崇仁义，减少刑罚，这对人民是有利的。后来他做了官，也卓有政绩，替人民办了许多好事、实事。

53. 承宫牧猪苦学

承宫是东汉人，生在一户穷苦家庭，很小的时候就成了孤儿。8岁那年，他被卖到附近的一个地主家里做养猪的奴仆，不但吃不饱穿不暖，还时常受到地主的殴打、谩骂。

那时候，村里有个名叫徐子盛的人，学识渊博，方圆几百里名气很大，他带了几百名学生，每天讲解《春秋》。有一天，承宫赶着一大群猪从学馆门前经过，听见里面正在讲课，便停住脚步，侧耳静听。徐子盛是研究《春秋》的专家，他讲得生动形象，引人入胜。承宫越听越有味，以至于忘记了放猪。而那群猪乘机散开，各自觅食去了。

太阳已经落山了，承宫还听得津津有味。地主在家等了很久，不见承宫回来，便出门寻找。当他在学馆门前找到承宫，却看不见猪时，简直气疯了，二话不说，扑上去就打。

"还不住手！为什么打小孩子呢？"徐子盛和他的学生听到门外的打骂声，走了出来，在问明原因后，严厉地训斥了地主，让他把承宫留下来。

承宫跳出火坑，得到学习的机会，从心底里感激徐子盛和他的学生们。他每天都勤勤恳恳，出外打柴，回来就打水、做饭。一有空闲，就专心致志地学习。

119

几年以后，儒家的几部经典他全都学通了，便告别老师，回家去自己开了个学馆，教出了许多学生。

54. "女学生"邓绥

东汉时有个叫邓绥的女孩子，从小聪明好学，6岁就会认字，并且能读古代的"大篆"。12岁时，她已学习了许多儒家的经典著作。哥哥弟弟们读书的时候，邓绥就虚心地向他们请教。

那时候，女孩子很难得到读书受教育的机会。邓绥却特别喜欢读书，对女孩子们那些穿戴打扮和针线活，一概不感兴趣。她的母亲责备她说："你不好好做些针线活，一心想读书，难道你还想去朝廷做官吗？"

为了不让母亲生气，于是邓绥就白天做一些针线活给母亲有个交代，到了晚上，她就抓紧时间读书背书。家里的人见她读书读得入迷，就开玩笑地称她为"女学生"。只有她的父亲对她的学习十分支持。有时候，家里有什么重要事情，父亲还专门把女儿叫来一起商议，让她出主意。

邓绥15岁那年被选入宫廷，22岁时立为汉和帝的皇后。入宫以后，邓绥有了良好的学习条件。她专门请当时的女学者给自己讲课，不但学习经书，还学习了不少天文、数学等方面的知识。她25岁时，汉和帝死了，她被尊为皇太后，临朝听政，成为我国历史上一位有名的女政治家。

55. 贾思伯求学质衣

贾思伯是北魏的大臣，齐郡益都（今属山东）人。

小时候，贾思伯就十分好学，一心想学习知识，懂得更多做人的道理。他曾经求学于老师阴凤的门下，但由于家中贫穷，筹集不起拜师的学费，他为此非常苦恼。

那时，正是数九寒冬的季节，北风呼呼地刮着，大雪纷飞，人们都躲在家里生火取暖，不愿出门去。贾思伯在栖身的破屋子里长吁短叹，绞尽脑汁想着怎样才能筹集到学费。大雪封住了道路，上山砍柴换点钱的愿望也破灭了，他实在想不出还有什么法子。最后，他看到了自己身上穿的棉衣裤，那一身衣服虽然不是新的，但由于他一直懂得节俭爱护，因此还不错，也算是他最值钱的家产，或许典卖出去还能换些钱凑学费。想到这里，他赶紧把衣服脱了下来，换上单薄的衣衫出门去。

来到街市，阵阵寒风透过薄薄的衣衫像刀子一样吹刮着他，但为了能读上书，他咬紧了牙。当熟悉的邻里得知他为了求学而要典当唯一的御寒衣服，纷纷为他刻苦求学的精神所感动，大家便凑了不少丝绸之类的物品让他去送给老师。

阴凤老师知道实情后，也为他的好学精神所感动，坚决不肯收礼，并尽心竭力教导他，终于使他成为有用的人才。

56. 浪子回头金不换

皇甫谧是魏晋时人，他编撰了被当代学界誉为影响中国100本书的《针灸甲乙经》。另外，他的《帝王世纪》、《高士传》、《逸士传》、《烈女传》、《元晏先生集》等书，在我国历史学和文学史上都负有盛名。

皇甫谧年幼时父母双亡，跟着叔婶长大成人。

皇甫谧家原是"富贵人家"，只是到了他父亲一代，家境渐渐没落。他从小养成了懒散的习惯，既不愿劳动，又不肯读书，整天和一些游手好闲的人鬼混，叔婶的话听不进去。尽管皇甫谧不争气，但他的婶母任氏待他仍然很好，他对婶母也很孝敬，有什么好吃的，总要拿回家请婶母尝尝。婶母觉得他越长越大，再不改掉不良习气，很难成器，就决心狠狠刺激他一下。

一次，皇甫谧拿瓜果回家，任氏很不高兴地对他说："你以为拿点瓜果回来就算是孝敬吗？《孝经》上说：'三牲之养，犹为不孝。'每天早晚都能给长辈送上牛、羊、猪肉，也不算孝。你都十几岁了，还是不务正业，不认真学习，不懂得道理，我怎么能感到安心呢？"任氏的话让皇甫谧愧悔交加，痛下悔改的决心。

第二天，他便不再游荡，并和那些游手好闲的子弟断绝了来往。他拜了附近的学者席坦做老师，经常向他请教做人的道理。在老师的指教引导下，皇甫谧日渐长进。每天早上起来，他扛着锄头，带着书本下地劳动，休息的时候，就拿出书本来读。几年工夫，他便博览了各种典籍，成为一个很有学问的人。

57. 刘峻燎麻烧发

刘峻，是南朝梁代平原（今属山东）人。他在8岁那年，一伙强盗把他捉去，卖到河北。当地有一个叫刘实的人，看小刘峻孤苦伶仃，十分可怜，就出钱把他买下来，带到家里，教他读书、写字。不久，刘实打听到刘峻有一个亲戚居住在河北，就把刘峻送到他亲戚家里。

刘峻的亲戚也是一户穷苦人家，没有地方住，就让刘峻住在屋檐下面。艰苦的生活并没有让刘峻垂头丧气，相反，更激发了他刻苦学习、奋发向上的斗志。白天，刘峻帮着亲戚在田里干活，到了晚上，别人都睡着了，刘峻还独自在屋檐下点着麻梗，刻苦地学习。有好几次，因为太累，他读着读着就睡着了，为此他非常着急。一天晚上，他又打起了瞌睡，不小心头发挨着燃烧的麻梗，一下烧了起来，刘峻痛得从睡梦中惊醒，顿时瞌睡跑得无影无踪。刘峻从这件事中得到启发，以后每逢困倦难忍，他就用麻梗烧一下自己的头发，这样就可以彻夜不眠，一直学习到天明。

随着年龄的增长，刘峻掌握的知识也越来越多，可他仍然如饥似渴地四处找书籍阅读。有一次，他听说京城里有很多藏书人，他就背着行李，千里迢迢赶到当时的京城所在地南京，找有书的人借书读。有些人看他破衣烂衫的样子，不肯把书借给他，他就忍气吞声，苦苦哀求，直到感动对方，答应把书借给他。

功夫不负有心人，后来，刘峻终于成为很有名望的学者，许多人都拜他为师。

58. 顾欢作《黄雀赋》

南北朝时有个叫顾欢的人，六七岁就很爱读书写字，而且有很强的自学能力。他生在一个贫苦农民的家庭，没有条件进学校读书，就常到本村的一个学堂去，偷偷地躲在门外听老师讲课。就这样，顾欢学到了文化，增长了知识。

有一天，顾欢的父亲忙着干别的农活，让顾欢去谷子地里赶麻雀，保护庄稼。那一天，麻雀特别多。顾欢赶了一阵麻雀，想坐在田边背几段书，刚坐下，麻雀又成群结队而来。赶了几次之后，顾欢坐在田边发起呆来。他观察着麻雀贪婪啄食的情景，想到麻雀给农民带来的损害，多么像那些地主老财对农民的压榨盘剥啊！想着想着，竟然吟成了一篇《黄雀赋》。顾欢从怀里掏出纸笔，就把这篇

《黄雀赋》写了下来。

顾欢写完,修改了几个字。正在这时,父亲走来了。父亲一见成群的麻雀在那里糟蹋正在成熟的庄稼,非常生气,拿起一根荆条就要打顾欢。顾欢看到父亲,非常高兴:他把父亲当成他第一篇作品的第一个读者了。父亲拿过顾欢写的《黄雀赋》,看了一遍,叹了一口气,把荆条扔到地上。

顾欢到了八岁,就能读不少古代的典籍。随着年龄的增长,顾欢刻苦学习的劲头有增无减。他白天下地干活,边干活边背诵读过的诗文。顾欢凭这样的用功自学,终于成为一个很有学问的人。

59. 牛角挂书勤发奋

李密是隋末瓦岗义军首领,著名军事家、战略家。

李密少年时曾在隋炀帝的宫廷里当侍卫。他生性灵活好动,在值班的时候,左顾右盼,被隋炀帝发现了,认为这个孩子不大老实,就免了他的差使。李密并不懊丧,回家以后,发奋读书,决心做个有学问的人。

有一次,李密骑在牛背上,出门去看望朋友。一路上,他把《汉书》挂在牛角上,抓紧时间读书。这时,正好宰相杨素坐着马车从后面赶上来,看到前面有个少年在牛背上读书,暗暗奇怪。

杨素在车上招呼说:"哪个书生,这么用功啊?"

李密回过头来一看,认得是宰相,慌忙跳下牛背,向杨素作了一个揖,报了自己的名字。

杨素问他说:"你在看什么?"

李密回答道:"我在读项羽的传记。"

就这样,杨素跟李密亲切地谈了一阵,杨素觉得这个少年很有抱负。回家以后，杨素就对儿子说："我看李密这孩子的学识、才能，比你们兄弟几个强多了。"

后来，李密参加了反对隋朝腐朽统治的农民起义军，以出众的智谋和胆略，连连挫败隋军的镇压，很快成为农民起义军的领袖人物。

60. 徐旷夜读

徐旷是隋朝末年的一位儒学大师，隋末农民起义军领袖李密、王世充等，都当过他的学生。

徐旷幼年时，因为战乱频繁，全家人在逃难中离散了，他和哥哥文林流浪到河南的偃师县。为维持生计，哥哥去帮别人卖书赚钱，他在家里做饭，哥儿俩过着饥一顿饱一顿的日子。

哥哥的工作给徐旷的学习创造了条件。白天，哥哥出去卖书，徐旷做完饭就到山上捡些枯柴回来。晚上，哥哥带着卖剩下来的书回到家里，徐旷就用枯枝点火照明，专心致志地阅读。由于这些书第二天要拿出去卖，卖掉就再也见不到了，所以必须读得很快。徐旷常常一读就是一夜，每天都读好几本书。他读书虽然快，但也能够融会贯通，边阅读边思考，所以读书的效果很好。仅仅几年工夫，他就读完了四书五经，并对这些书有了深刻的理解和独特的见解。

有一次，京城里来了一位颇有名望的老先生，在太学（古时候官办的最高学府）里主讲《左传》。徐旷去听了几次课，发觉老先生并未阐明《左传》的精妙之处，就和老先生辩论起来，最后老先生不得不承认徐旷的见解中肯。

后来，徐旷因为学问出众，被朝廷推举到太学讲授"五经"。由于他功底扎实，基础雄厚，讲起来举例生动，论证有力，使听讲的人心悦诚服。

61. 岳飞沙中练字

岳飞是南宋时人，我国历史上著名的民族英雄。他小时候，家里因为遭遇水灾，被冲的一贫如洗。全家人只好依靠母亲帮人家做针线活、纺纺纱、织织布，赚点钱糊口过日子。

岳飞虽然家境贫寒，但十分喜欢读书。他白天上山拾柴，晚上就在母亲的教诲下，把枯柴点起来照明读书。没有钱买纸和笔写字，岳飞就想了一个主意，把路边的细沙弄回家，在地上铺平当成纸，然后折一段树枝当成写字的笔，就一笔一画地在沙子上认真写起来。写完了，岳飞就把沙子抹平，又重新开始练习。

经过刻苦学习，岳飞掌握了许多知识。岳飞的母亲看着儿子的进步，心里有说不出的高兴，就省吃俭用，为岳飞找了一个私塾老师。从此，岳飞的进步更快了。

读了几年书，岳飞十几岁了，家里因为实在太穷，没钱交学费，岳飞只好停止读书，到一个地主家里去干活。

岳飞虽然每天要干许多繁重的农活，但仍然不放弃学习。白天劳动空闲时，夜晚睡觉前，他都用来读书写字，有时甚至通宵不眠。

岳飞还一面读书，一面练武，后来成为文武双全的抗金名将。

62. 布莱叶发明盲文

布莱叶是盲文的发明者，于 1809 年出生在法国库普雷城一个皮鞋匠家庭。3 岁那年，他不慎被钻子刺伤了眼睛，从此双目失明。小布莱叶是个乐观向上的孩子，他对自己说，一定要顽强地生活，创

造自己美好的世界。在家里，他摸索着练习走路，有时候撞翻了桌子，撞倒了椅子，自己摔得头破血流。但他一点也不灰心，他坚信，只要多练习，慢慢就会习惯了。小布莱叶 6 岁那年，父亲把他送到教堂去学习，这是小布莱叶梦寐以求的事情，因此不管刮风还是下雨，他每天都坚持去上课。神父给他讲人文地理，讲历史故事，讲科学发现……他听得津津有味，并努力将它们牢记在心里。

在小布莱叶 10 岁的时候，神父把他推荐到了巴黎皇家盲童学校。当时，盲人读的书本都是用厚纸和布条糊成的，一个个凸起的法文字母拼成字句，使书本又大又重，认一个字也很不容易。但小布莱叶凭着一股求知的拼劲，居然摸索出了一套办法，认字速度十分快。

毕业后，布莱叶留校当了老师。在教学过程中，他感到这种旧的读书方法很不实用，于是，他决定研究出一种专供盲人摸读的书和文字来。经过五年时间的反复研究，布莱叶终于创造出了"点字盲文"。这种盲文由打在厚纸上的 6 个点子组成，通过它们不同的排列方式和多少，可以表示所有 26 个字母。可是，由于长期的劳累，布莱叶在发明的盲文还没有被公认之前，便离开了人世，终年只有 43 岁。

63. 一张包装纸

罗丹是法国著名雕塑家，代表作品有《思想者》、《青铜时代》等。罗丹幼年时便十分喜爱绘画，不过那时候，家里十分清贫，根本没有多余的纸给他用来画画。但什么困难都阻挡不了罗丹对绘画的热爱，没有纸，他就跑到街上，用砖块、石子儿在街上、墙上、沙滩上画……几乎家乡的角角落落都留下了罗丹绘画的痕迹。

　　一天早晨，小罗丹一家人围着餐桌吃早餐，妈妈将带有包装纸的食品打开，随手将包装纸扔到了餐桌底下。

　　小罗丹的注意力立刻就被那张纸吸引了。小罗丹难以抑制心头的兴奋，他迫不及待地抬起头来问妈妈："妈妈，地上的纸可以给我吗？"

　　"当然，孩子，"妈妈拍了拍小罗丹的头，"不过要先吃饭。"

　　得到妈妈的同意，小罗丹根本就吃不进去饭了，他满脑子都是地上的纸，都是设想要画在纸上的画。于是，他马上爬到桌子底下去拉那张纸。

　　谁知，过了好半天，他也没上来。爸爸怒斥道："你在桌底下干什么？快上来吃饭！"可桌子底下的小罗丹还是一点动静也没有。

　　妈妈赶紧弯下腰看小罗丹究竟在做什么。只见小罗丹正趴在桌子底下，拿着小铅笔头，在那张纸上一笔一笔地画着爸爸的皮鞋呢。脾气暴躁的爸爸可不管他在干什么，一把把他从桌子底下撤出来，啪啪打了他两巴掌。小罗丹被打得哇哇大哭，可是无论哭得多么厉害，他的手里始终紧紧地抓着那支笔和那张纸。

64. 一个落榜生

　　冬冬本来是某中学最优秀的学生，为了迎接高考，他做了很多努力，想在高考中取得好成绩，考上自己梦寐以求的大学。

　　但不幸的是，高考成绩下来后，冬冬却落榜了，他的高考分数和自己所报的大学的录取分数线差了整整10分。

　　冬冬难过极了，他简直不敢相信自己的眼睛，也不愿面对这个事实。在拿着成绩单回家的路上，冬冬一直在想：自己怎么面对家人呢？同学们又会怎么看自己呢？

他一直在街上瞎逛到晚上，天都好黑好黑了，才怯生生地敲开了自己家的门。

看着给自己开门的母亲，冬冬说："妈妈，我努力了，可我没有成功。"看着眼含泪水的儿子，妈妈说："孩子，只要你努力了，做到问心无愧，你就是成功的。孩子，你要相信自己。"听了妈妈安慰的话，冬冬再也忍不住了，失声痛哭起来。

在妈妈的帮助下，冬冬终于慢慢地走出了阴影，并在来年的高考中取得了很好的成绩。

65. 自己先站起来

曾经听过这么一个宗教故事。

从前，有个生麻风病的病人，病了近四十年，一直躺在路旁，等人把他抬到有神奇力量的水池边。但是他躺在那儿近四十年。仍然没有往水池目标迈进半步。

有一天，天神碰见了他，问道："先生，你要不要被医治，解除病魔？"

那麻风病人说："当然要！可是人心好险恶，他们只顾自己，绝不会帮我。"

天神听后，再问他说："你要不要被医治？"

"要，当然要啦！但是等我爬过去时，水都干涸了。"

天神听了那麻风病的话后，有点生气，再问他一次："你到底要不要被医治？"

他说："要！"

天神回答说："好，那你现在就站起来自己走到那水池边去，不要老是找一些不能完成的理由为自己辩解。"

听后，那麻风病人深感羞愧，立即站起身来，走向池水边去，用手心盛着神水喝了几口。刹那间，他那纠缠了近四十年的麻风病竟然好了！

66. 自己救自己

某人在屋檐下躲雨，看见观音正撑伞走过。这人说："观音菩萨，普度一下众生吧，带我走一段路程如何？"

观音说："我在雨里，你在檐下，而檐下无雨，你不需要我度。"这人立刻跳出檐下，站在雨中："现在我也在雨中了，该度我了吧？"观音说："你在雨中，我也在雨中，我不被淋，因为我有伞；你被雨淋，因为无伞。所以不是我度自己，而是伞度我。你要想度不必找我，请自找伞去！"说完便走了。

第二天，这人遇到了难事，便去寺庙里求观音，才发现观音的像前也有一个人在拜，那个人长得和观音一模一样，丝毫不差。

这人问："你是观音吗？"

那人答道："我正是观音。"

这人又问："那你为何还拜自己？"

观音笑道："我也遇到了难事，但我知道，求人不如求己。"

67. 自己就是上帝

一个命运坎坷的人又一次遇上了危难，他四处求告，但是没有一个人愿意向他伸出援助之手，哪怕他提出一点微不足道的小小要求，都会遭到人们的断然拒绝。

绝望之中，他暗暗祈求上帝："上帝啊，也许只有你才能保佑

我了!"

被他的诚意所感动,这天夜里,上帝给他托了一个梦。

"孩子,我会保佑你的。"

上帝抚摸着他的头,轻声对他说。

"既然保佑我,你明天就现身吧,让我真实地看见你的存在,哪怕只让我看见一分钟!"

他哀声说道。

"好的,我明天一定现身。

不过,我不会以我的真身出现,我会以一个化身出现。

明天早晨起来,你看到的第一个人就是我。"

为了看见上帝,他第二天早早就起床了。

洗漱完毕,他到镜子前梳头。

他从那面镜子里看到了自己的影子,跟梦中的那个上帝还真有些相似。

"原来,上帝就是我,我就是上帝!"

从此以后,他获得了自信。

自信改变了他的一切,运气好转了,人际关系也融洽了,一切都比过去顺利多了。

最让他感到奇怪的是:当他脸上写满自信的时候,那些曾经拒绝过他的人也乐意帮助他了。

观念决定心态,心态决定习惯,习惯决定行动,行动决定命运。

68. 天赋和命运

有一天,上帝一时高兴,一口气造了十个人。他给这十兄弟同样的大脑、四肢和五官。造好了后,上帝语重心长地叮嘱:"孩子们，到世界上去吧！不过，要学会使用你们的天赋。"

很多年后，十兄弟中，除了一个最小的懒汉，其他九人，在学业或事业上都有了成就。

面对兄长们的成功，懒汉非常伤心。他埋怨上帝："你同样造出了我们，为什么又不给我们同样的命运？"

上帝哈哈大笑，把懒汉的九个哥哥找来，当面考问。

"你是怎么成为哲学家的？"上帝问老大。

老大说："我主要学会了使用你给的大脑。"

"你是怎样成为雕刻家的？"上帝问老二。

老二说："我只是学会了使用你给的双手。"

"你是怎么成为足球明星的呢？"上帝问老三。

老三说："我主要学会了使用你给的双脚。"

就这样，在懒汉的哥哥们中，还有会用眼睛的画家，会用耳朵的音乐家……

问完了懒汉的哥哥们，上帝又转身问懒汉："在你的一生中，你学会了使用自己的什么天赋呢？"

懒汉张口结舌，无话可说。

这时候，上帝严厉地教训懒汉说："孩子，我给了你们同样的天赋，你却一样也没有学会使用，还责怪什么命运呢？"

69. 长不大的小柏树

风伯伯来到森林里，它有很重要的任务要完成。树妈妈们都在叮嘱着自己的孩子，因为她们就要送树种们跟着风伯伯去远方扎根生长了。

柏树妈妈一个个地嘱咐着孩子们该注意些什么，到最小的孩子时，柏树妈妈犹豫了。

"孩子，你一旦离开了妈妈的照顾，离开了周围叔叔阿姨的保护，是长不好的，还是留在妈妈身边吧。"

小柏树种子没有办法，吸了吸嘴，扎进了妈妈脚下的泥土里面。而它的哥哥姐姐们，都随着风伯伯离开了这片森林，到远处的开阔地去扎根了。

春天终于来了，小柏树种子从泥土里钻了出来。它抬头望望妈妈高大的身躯，心想：幸亏没有离开妈妈啊。看着妈妈，它觉得很安全。

下大雨了，妈妈挺直了腰杆，就像伞一样挡住了很多的雨水，小柏树就像住在温室里一样温暖。刮大风了，叔叔阿姨们包围着小柏树，大风对于小柏树来说成了轻轻的微风，安然无恙。

但是小柏树要长大，需要阳光和雨露，当它想迎接阳光雨露的时候，发现已经被妈妈的高大身躯遮住了。小柏树要长高，需要从土壤中吸收养分，可是当它去努力的时候，发现已经被叔叔阿姨们吸收走了。

一年过去了，又一年过去了，小柏树怎么也长不成一棵大柏树。

有一天风伯伯路过，小柏树看到了，就大叫："风伯伯，风伯伯，你好吗?"

风伯伯很奇怪："你是?"

"我是小柏树啊，那年你带走了我的哥哥姐姐，只有我留在了妈妈身边。"

"是你啊，怎么你还没有长大啊? 你的那些哥哥姐姐，都已经长成参天大树了!"

小柏树听到这里，很难过："我就是因为整天都在妈妈的保护下，才长不大的!"

70. 骆驼和仙人掌

茫茫无垠的沙漠。

骆驼像哲学家一样，一边踱着步子，一边沉思……

沙漠里，没有水，没有草，有时风沙漫天，难辨方向。骆驼总是坚韧不拔地向前走去，走去。

一天，骆驼在沙漠里发现了一棵仙人掌，惊异地停步问道：

"小东西啊，你怎么能够在这干燥的沙漠中生活?"仙人掌笑着反问道：

"嘻! 大块头啊，你怎么能在沙漠中行走?"

骆驼说："我吗，因为我能吃苦耐劳，经过长期的锻炼形成了适应沙漠生活的特殊习性和机能，所以我能在沙漠里行走。你呢?"

仙人掌说："我吗，还不是同你一样，就因为经过长期的锻炼，养成了抗旱耐渴的习性，形成了适应沙漠生活的特殊机能，所以能在沙漠中生活。"

骆驼又奇怪地问："你为什么满身是刺?"

仙人掌矜持地回答："就因为我满身生刺，才不致被动物吃掉。刺是我的叶子，这样的叶子不会使身体里贮藏的水分蒸发掉，所以我在沙漠里不怕干旱，能够活下来。"

骆驼听了点点头，带着敬意绕过仙人掌，向前走去，伴着沉思：

"不错，凡是能在艰苦环境中生存下来的，都是经过无数次的磨炼，具有百折不挠、战胜一切的意志。"

71. 一头学问渊博的猪

一头绝顶聪明的猪，住在一个非常出名的图书馆的院子里。他深信自己由于多年图书馆的生涯，已经成了渊博的学者。

有一天，一只八哥来访问。这头猪立即按照惯例，对客人进行自我介绍。

"朋友，相信我吧！"他说，"我在这个图书馆里待的时间很长了，我对这儿的沟渠、粪坑、垃圾堆，都有着深刻的了解，甚至屋后山坡上的墓穴都拱翻了好几个。谁要是想在这个图书馆得到知识而不找我，那他可就是白跑了一趟。"

八哥说："你所说的都是图书馆外面的事，那里面的东西你也了解吗？"

"里面？"这头学问渊博的猪说，"那我最清楚不过了。里面无非是一些木架子，上面堆满了各色各样的书。"

"你对那些书也了解吗？"八哥问。

"怎么不了解呢？"这位渊博的学者说，"那是最没意思的了。他们既没有什么香气，也没有什么臭气，我咀嚼过好几本，也谈不上有什么味道，干巴巴的，连一点儿水分也没有。"

"可是人们老在里面待着，据说他们在里面探求知识的宝藏呢！"八哥又说。

"人们？你说他们干什么！"这位猪学者说，"他们确实是那样想的，想在书里找点什么东西。我常常看到许多人把那些书翻来翻去，结果什么也没有得到，仍然把书丢在架子上又走了。我保证他们在里面连糠渣菜叶都没有得到一点，还谈什么是宝藏！我可从不做那种蠢事。与其花时间去啃书本，还不如到垃圾堆翻几个烂萝卜

啃啃。"

"算了吧，我的学者！"八哥说，"一个从垃圾堆里啃烂萝卜的嘴巴，来谈论书本上的事，是不大相宜的。还是去啃你的烂萝卜吧！"

72. 有志气的小切叶蚁

在密密的森林里，生活着一群切叶蚁。他们每天忙忙碌碌地爬到大树上，把树叶摘下来，切成碎片，运回家中，然后将碎叶反复咀嚼，嚼成一团团叶馅，堆在一间间"蘑菇房"里，施上粪便，培植蘑菇。

不久，一个个小蘑菇钻出叶馅，慢慢长大，渐渐成熟。切叶蚁们便带着子女来到餐厅里，啃破蘑菇的顶端，津津有味地吃第一道菜——蘑菇黏液。黏液吃完了，又开始品尝第二道菜——蛋白质。切叶蚁靠辛勤的劳动，总是吃得饱饱的。他们的子女，也一个个长得壮壮的。

眼看小切叶蚁们已经长大，要独立成家了，父母送给每个子女两篮又鲜又胖的蘑菇。

小切叶蚁们都说："才两篮，怎么够吃呢？"

父母立即又摘了几篮送给他们。子女们还是嫌少。父母再送给他们几篮，他们仍是不满意："这能吃几天呢？吃完了怎么办？"

父母安慰说："孩子们，你们放心吧，这里的蘑菇很多，你们什么时候缺吃的，只管回来取就是了。"

小切叶蚁们依旧一个劲儿地摇头。父母生气了，说："孩子们哪，你们说怎么办才好呢？"

小切叶蚁们不要蘑菇，每个取一团有蘑菇孢子的叶馅带走了。

成家后，他们像父母一样，勤劳地切叶嚼馅种蘑菇，他们的食物总是吃不完。

73. 一只蜗牛、两只蜗牛

一只蜗牛，背着他的小房子走啊走。他看不见别的蜗牛，以为只有自己背着房子走啊走。

他不能跟别的蜗牛说话，只好跟他的小房子说话——

"天黑了，我们要小心，别再掉进沟里了。"

"刮风了，尘土会迷住我的眼睛，请让我进屋躲一躲。"

"下雨了，到处是水，我要把我的小房子变成一条船……"

这只蜗牛觉得自己太辛苦了，他越走越慢，快要背不动他的房子了。忽然，他听见"呜——呜——"从远远的地方传来唱歌一样的声音。

他正在发愣，这时有一股小风吹来，像吹螺号一样吹响了他的房子，"呜——呜——"

这只蜗牛就想：也许，在那远远的地方，也有一只蜗牛，风也吹响了他的房子……

这只蜗牛就朝着远远的"呜呜"声走过去。

两只蜗牛见面了。

这只蜗牛说："咦，你的房子跟我的房子一样的！"

那只蜗牛说："一样的吗？那咱们换一换试试。"

他们就换了房子。咦，这只蜗牛从换来的房子里听见说话的声音，是那只蜗牛一边走路一边对他的房子说的："天黑了，我们要小心，别再掉进沟里了。""刮风了……""下雨了……"

这只蜗牛这才明白，原来做一只蜗牛都要这样走路，都要这样

吃苦的。想到别的蜗牛都在吃苦，他也就觉得不怎么苦了，背上的房子也不那么重了。

74. 女娲炼石补天

　　水神共工撞折了擎天柱，天塌下一角，使女娲神万分震惊。她看到自己辛辛苦苦创造出来的人类正经历着非常惨烈的灾难，心中十分难过。她没有办法去惩罚那造成了这灾难的水神共工，但为了救人类脱离苦难，她决心历尽千辛万苦去修补好苍天。

　　要补好苍天，谈何容易，那是一件艰巨而又繁重的工程。可是作为人类慈爱母亲的女娲，为了心爱的孩子们的幸福，她没有把艰难和辛苦放在心上，独自承担起了这个重担。

　　女娲先到各条大江和大河那里去收集来许许多多的五色奇石。随后，她燃起熊熊的大火，将五色奇石放在大火上烧炼。一天、两天、三天……熊熊的大火将五色奇石炼成了胶状的液体，她又用这些液体来做粘合剂，攀上高耸的山，将苍天上一个个坏了的地方，认认真真、仔仔细细地修补起来。多么艰巨的工作啊！漏了的天渗着湿湿的冷水，一不留神，刚刚补好的地方又裂开了。女娲神不辞辛苦地工作着。终于有一天，苍天补好了，灾难消退了。

　　怎样才能使修补好的苍天更加牢固呢？女娲神又想出了一个办法，她抓来了一只无比巨大的乌龟，砍下了它的四只脚，用这四只乌龟脚代替天柱，把它们立在大地的四方，将人类头顶上的天空像帐篷似地撑了起来。这乌龟脚真是一种十分独特的而又十分结实的柱子，有了它们的支撑，天再也不会塌下来了。

　　在共工撞坏不周山人类遭受这不幸灾难的时候，有一条作恶的黑龙兴风作浪，呼唤来滚滚的洪水淹没房屋庄稼，它还张开无情的

血盆大口吞噬人类。女娲怎能容忍这条恶龙残害自己的子女，于是她又从西方不辞辛劳地赶到中原，与那条恶龙展开了搏斗。三天三夜，女娲神终于杀死了那条恶龙。跟随恶龙残害人类的各种野兽，一看恶龙被女娲神杀死了，马上都远远地逃走，谁也不再敢出来残害人类了。

补好了天，杀死了恶龙。女娲又开始治理遍地的滔滔洪水。她找来许许多多的芦苇，把它们堆积成一座座小山。小山越堆越多，连成看不到尽头的一大片。接着女娲把这些芦苇山都点着了，大火熊熊，火光冲天。随着大火，芦苇山变成了一座座灰烬山。芦苇的灰烬有很强的吸水能力，不久，滔滔的洪水便被吸尽了。

残破的天虽然被女娲神修补好了，但毕竟不是原来的那个天了。因为不周山是西方的天柱，它被撞断后，西北的天空就有些倾斜，所以太阳、月亮、星辰都不由自主地朝那边跑，落向倾斜的西天；东南的大地，因陷下了一个深坑，所以大川小河里的水，都不由自主地向那边流，于是东南边就形成了大海。

75. 后羿射日

东方海外的山谷里，有一棵千丈高的扶桑树，树下住着十只金鸟。

本来天帝规定，每天只许一只金鸟飞上树顶，去照亮世界，滋生万物生长。可是，有一天十只金鸟违反了天帝的规定，一下子都飞上了扶桑树。这下子可坏了，天上出来了十个太阳，大地上的庄稼被晒焦，草木被晒死，老百姓没有吃的，活不下去了，有的便躲进了山洞。有个叫羿的天神，把这件事向天帝报告了。天帝派羿去人间处理这件事。

来到了人间，同百姓商量对付金鸟的办法。羿有射箭的本领，就在百姓的助威下，向天上射出了一支利箭。一下子就射下了一只巨大的金鸟，天上的十个太阳就落下来一个。剩下的九只金鸟气坏了，它们愤怒地扇动翅膀，向羿扑来。这九个太阳的烈焰仍然烤得大地发焦，羿又一连射出八支利箭，树上的八只金鸟掉下来了。天上只剩下一只金鸟，也就只剩下一个太阳了。

羿还要张弓把它射下来，一位老人拦住了羿，对他说："让它留在天上，有它照着，万物才能生长。"剩下的这只金鸟，也不敢胡作非为，这样，大地上顿时变得凉爽起来。

由于羿的行动惹怒了天帝，天帝就把羿贬到了人间，再不让他做天神了。后来羿为了百姓的安宁，又在洞庭湖边斩断了长蟒，在桑林捉住了大野猪，一连射死无数毒蛇猛兽，千千万万的老百姓都非常高兴，大家都尊敬地称他"后羿"，称他是为民除害的英雄。

76. 荆轲刺秦王

战国末年，秦王嬴政一心想统一中原，平定天下，就派兵四处征伐，灭掉赵国后又派大军直逼燕国，攻占了燕国好多城池，并打算一举灭掉燕国。

燕国的太子丹知道燕国无力抵抗强大的秦国，为了挽救燕国，他就想用刺杀秦王的办法来阻止秦国的进攻。

后来，他终于物色到了一个勇士，名叫荆轲，荆轲表示愿意为他效命。燕太子丹就一直把荆轲待如上宾，把自己的车马给荆轲坐，自己的衣食也和荆轲一起分享，荆轲从心底感激燕太子丹。

当燕太子丹把刺杀秦王一事告诉荆轲时，他爽快地答应了，同时提出，扮成使者去见秦王。为了取得秦王的信任，他要带上燕国的督亢（今河北涿县一带）地图和逃亡在燕国的秦国将军樊於期的人头。

燕太子丹不忍心杀死樊於期，荆轲就私下找到了樊於期，把自己的主意告诉了他。樊於期也深恨秦王，听后，马上就拔剑自杀了。

太子丹准备好了一把锋利的匕首，匕首上还染有毒药，只要它刺到人，人就会立即死去，他让荆轲把匕首藏在图中，在秦王观看地图时，突然发难，然后又给荆轲配备了一名助手，选定日期出发。

到了出发的那一天，燕太子丹和荆轲都知道，此去秦国必死无疑，不可能活着回来。燕太子丹特意和其他送行的人都穿上了白衣，戴着白帽，在易水（在今河北易县）边为荆轲设宴钱行。到临行的时候，高渐离击筑，荆轲唱了一首歌，歌中说："风萧萧兮易水寒，壮士一去兮不复还！"悲壮的歌声表达了荆轲誓死的决心，大家听了都伤心得流下了眼泪。荆轲头也不回就走了。

荆轲到了秦国以后，不幸刺杀秦王没有成功，最后被秦王的卫士杀死了，但其慷慨悲凉的侠客形象却流传千古。

77. 司马迁忍辱写《史记》

司马迁（约公元前145~前86年?），西汉史学家、文学家、思想家，字子长，夏阳（今陕西韩城南）人。史学家司马谈之子。早年遍游南北，考察风俗，采集传说。初任郎中，元封三年（公元前108年）继父职，任太史令。太初元年（公元前104年）与大中大夫公孙卿、壶遂等共订《太初历》，对历法进行改革。后因替李陵军败降匈奴事辩护，得罪下狱，受宫刑。出狱后任中书令，发愤继续完成所著史籍。人称其书为《太史公书》，后称《史记》，是我国最早的通史。此书创立纪传体史书的形式，书中不少传纪语言生动，形象鲜明，是优秀的文学作品，对后世史学与文学都有深远的影响。

苏武出使匈奴的第二年，汉武帝派贰师将军李广利带兵3万，攻打匈奴，打了个大败仗，几乎全军覆没，逃了回来。李广的孙子李陵当时担任骑都尉，李陵率领5000人马和匈奴打仗，结果被单于率领的3万骑兵团团围困住，尽管李陵和士兵们奋勇战斗，杀了五六千名匈奴骑兵，但终因寡不敌众而失败，只有四百多名士兵逃回来，李陵被俘而降。

李陵投降匈奴的消息震动了朝廷。汉武帝把李陵的母亲和妻儿都下了监狱，并且召集大臣，要他们议一议李陵的罪行。

大臣们都谴责李陵不该贪生怕死，向匈奴投降。汉武帝问太史令司马迁，想听听他的意见。

司马迁说："李陵带去的步兵不满5000人，他深入到敌人的腹地，打击了几万敌人。他虽然打了败仗，可是杀了这么多的敌人，也可以向天下人交代了。李陵不肯马上去死，准有他的主意。他一定还想将功赎罪来报答皇上。"

司马迁平时与李陵并没有私交，只是实话实说，而汉武帝听了，认为司马迁这样为李陵辩护，是有意贬低李广利（李广利是汉武帝宠妃的哥哥），勃然大怒，说："你这样替投降敌人的人强辩，不是存心反对朝廷吗？"于是以对抗朝廷的罪名将司马迁下了大狱。司马迁入狱后因拿不出钱来赎罪，结果被施以最难堪最残酷的"宫刑"。

宫刑是一件十分残酷的刑罚，他几乎想自杀。

但同时他又想到自己有一件极其重要的工作没有完成，不应该死。因为当时他正在用全部精力写一部书，这就是我国古代最伟大的历史著作——《史记》。

在他正准备着手写作的时候，就为了替李陵辩护得罪武帝，下了监狱，受了刑。他在给好友任安的信中说：这是我自己的过错呀，现在受了刑，身子毁了，没有用了。但是他又想到了从前周文王被

关在羑里，写了一部《周易》；孔子周游列国的路上被困在陈蔡，却编了一部《春秋》；屈原遭到放逐，写了《离骚》；左丘明眼睛瞎了，写了《国语》；孙膑被剜掉膝盖骨，写了《兵法》。还有《诗经》三百篇，大都是古人在心情忧愤的情况下写的。我的《史记》一书刚刚开始，为什么不能含垢忍辱将它写完呢？

这样，司马迁为了完成《史记》这项伟大的"工程"，终于以坚强的隐忍精神活了下来，鼓起勇气投入到忘我的写作中去。难堪、耻辱、愤怒，统统凝聚到笔上，他把从传说中的黄帝时代开始，一直到汉武帝元狩元年（公元前 122 年）为止的这段历史，编写成一部 52 万字的巨著。

78. 勇敢机智的班超

班超是东汉名将，有一次，他奉汉明帝的派遣出使西域。公元 73 年，他带了 36 个随从，首先到达鄯善国。

当时，鄯善国正受到匈奴的欺负，每年都要给匈奴进贡。这次听说班超作为汉朝使者前来，当然十分高兴，对班超等人的接待很隆重，并安排他们在使馆住下。

过了几天，鄯善国的人对班超他们忽然冷淡下来。班超分析，肯定是匈奴派的使者也到了，挑拨鄯善国与汉朝的关系，鄯善国王不知该亲近哪边，才对汉使改变了态度。

于是，班超找来鄯善国负责接待他们的官员，证实了他的判断，并且了解到了匈奴使者的人数、住处等情况。班超把自己的随从人员召集起来，对他们说："现在情况很紧急，鄯善国对我们的态度已不太好，还有可能迫于匈奴使者的压力，把我们抓起来交给匈奴。"

大家听了班超的话，都表示一定听从班超的指挥。班超又说：

"不入虎穴，焉得虎子？我们现在的唯一办法就是杀掉匈奴的使者，消灭了他们，鄯善国就只有与我们合作，我们也就大功告成了。"然后班超就与随从们商量好了具体的办法，作了具体的分工，就等晚上行动。

到了晚上，正好刮起了大风，班超带领随从们来到匈奴使者住的地方，布置好了以后，班超在前门放起火来。一时间，有的击鼓呐喊，有的冲进去砍杀，经过一场激烈的战斗，班超他们终于把匈奴的使者和随从们都消灭了。

第二天，班超向鄯善国王说明情况，揭露匈奴的阴谋，鄯善国王知道了这一消息，吓得脸色都变了，赶紧同意与汉朝永结友好，共同对付匈奴，班超获胜而回。

79. 疾恶如仇的傅咸

西晋时，统治阶级内部腐败现象严重，里里外外，从大到小，各级官吏，奢侈无度，互相攀比。单是晋武帝司马炎就有宫女近万人，供他日夜寻欢作乐。有些大官僚，一天的饭费竟数以万计，他们挥霍无度，用白蜡当柴烧，厕所里放上高级香料。

这种现象引起了一些清廉之士的不满和忧虑。当时，有一个叫傅咸的人，武帝、惠帝执政时，都在朝中做官。他为人正派，敢于直言，不畏权势，敢于揭露和批判邪恶。傅咸多次上书给武帝和惠帝，主张裁并官府。他尖锐地指出："奢侈之费，甚于天灾。"由于他的劝谏和批评，朝廷罢免了一些官吏，因此使京城的官吏们有所收敛，有所惧怕。傅咸大胆地揭露官僚权贵们的弊端，并与之作坚决的斗争，不少人深为敬佩。人们赞扬他疾恶如仇。

80. 宁死不辱

南宋末年，蒙古族的元军把南宋京城临安团团包围，谢太后率领年幼的皇帝和一批昏官投降了元军。当时任司农寺丞的陆秀夫和将军张世杰，在元军还没有进城前就护卫着皇家的子孙赵昰、赵昺到了福建的一个叫飑洲的海岛上，组织了小朝廷，立8岁的赵昰为皇帝，陆秀夫任左丞相，张世杰任枢密副使（最高军事指挥官）。一时，全国不愿做亡国奴的忠臣志士纷纷奔向新立的南宋王朝，抗击元军，收复失地。

陆秀夫和张世杰认为朝廷建在飑洲，有许多不便，难以施展，又护卫着新皇帝赵昺到广东新会的厓山。

当元军攻下新会，逼近厓山，封锁海口，切断宋军的水、粮供应时，宋军只能以海水解渴，军士上吐下泻，纷纷病倒。

公元1279年2月，元军攻下宋朝的最后根据地厓山，陆秀夫带着幼帝赵昺，张世杰带着宋端宗的母亲分坐两条民船撤离。元军的船队紧追陆秀夫的民船不放。眼看将被元军追上，陆秀夫心想：决不能让堂堂宋朝皇帝被俘受辱，于是含着眼泪，背起幼帝跳进茫茫大海。张世杰虽然摆脱了元军的追击，不料遭遇飓风，与宋端宗的母亲一起葬身大海。至此，南宋王朝彻底灭亡。

81. 顽强的海伦·凯勒

海伦·凯勒是一个集盲、聋、哑于一身的高度残疾者。

在海伦·凯勒很小的时候，人们就开始为她的将来担忧，由于她身体上的严重缺陷使她很难接受教育。而一个人如果没有知识，是很难在社会上立足的。好心的安妮老师了解了海伦的状况之后，决定帮助小海伦学习，无论这是一件多么困难的事。

安妮老师发现海伦·凯勒的发音器官并没有完全关闭，于是她一个字一个字地教海伦·凯勒练习。

终于，经过海伦·凯勒顽强不屈地努力，她逐渐学会了说话及阅读。但是，安妮并不满足于此，她进一步教导海伦·凯勒，想要使她成为一位杰出的演说家及教育家。最后，海伦·凯勒也没有辜负安妮老师的期望，成为一名出色的演说家。

后来，海伦·凯勒得知安妮老师去世的消息后，她再也没有办法安下心来工作了，她觉得她失去了事业当中最大的支柱。

消沉了一年之后，海伦·凯勒突然醒悟：世界上像她这种不幸的人有很多，而安妮老师教授她这些知识和才能，正是希望她能很好地为这些人服务，而她这种自暴自弃的行为又怎么能对得起安妮老师呢？

于是，海伦·凯勒又重新振作了起来，并把自己的毕生精力献给了残障事业。

82. 小邓肯卖东西

邓肯是美国舞蹈家，现代舞派创始人。在她很小的时候，她的父母亲就离了婚，邓肯便和她的哥哥姐姐跟随母亲一起生活。

有一次，邓肯的妈妈给一家商店编织了一些东西，准备用赚来的钱买食物，可是东西编织好以后，商店却不肯要了。她妈妈非常伤心，因为这些东西卖不出去，就没有钱给家里买食物了，那么全家人就要挨饿。她妈妈越想越伤心，最后就坐在门槛上哭了起来。

这时，小邓肯走过去对妈妈说："我们在这里哭也不是办法啊。

妈妈，把这些东西给我吧，我一定会把它们卖出去的。"说着，就从妈妈手里接过篮子。她先从篮子里拿出妈妈织的帽子和手套戴在头上和手上，然后挨家挨户去叫卖。

聪明的小邓肯把自己家的困难编成一首歌，每到一家就唱出来，并把帽子和手套展示给他们看。漂亮的帽子和手套立刻受到了农妇们和孩子们的喜爱，很快，帽子和手套全都卖掉了。小邓肯高兴地跳着舞，拿着赚来的钱去买家里需要的食物了。

在后来的生活中，邓肯遇到了更多的困难，但她从不屈服，总是鼓足勇气，想出办法克服它们。她的勇气和智慧终于使她成为一位伟大的舞蹈家。

83. 真正的男子汉

一个父亲把自己的儿子送到拳击学校学习拳击，因为他想让儿子成为世界上最强的男子汉。

过了一段时间，父亲很想念自己的儿子，就到拳击学校来看儿子。然而当他走进学校的拳击场时，他看到的一幕把他吓坏了。他看见拳击师一次又一次地把自己的儿子打倒在地，而儿子必须一次又一次地再站起来。他看着鼻青脸肿的儿子，心里难过极了。

他对拳击师说："我送儿子来这里是想让他变成世界上最强大的人，但是没有想到，在这里，他还是一次又一次被人打倒。我对他非常失望，与其这样，还不如让他跟我回家种地呢！"

拳击师听完父亲的话，对他说："您错了，您根本没有看到您儿子倒下去又站起来的勇气和毅力，打倒别人不难，难的是被别人打倒之后还能坚强地站起来，那才是真正的男子汉！"

84. 两个钓鱼人

山洪暴发了，两个钓鱼人被困在河中间的沙碛上。浑浊的水汹涌着，沙碛的面积在逐渐缩小。

"我们游过去吧！"第一个钓鱼人说，"趁这沙碛还没有被完全淹没的时候。"

"我认为，"第二个钓鱼人表示意见道，"还是不要冒险的好！因为第一，也许这水不会再涨了；第二，我们说不定会有被营救的机会。谁料得定就不会有小船经过这里呢？"

他们研究了一会儿，谁也说服不了谁。于是，各自按照自己的想法行事。

第一个钓鱼人下水了。开始，浪头推着他直往下游冲去，到了河中心，他被浪头淹没，看不见一点形迹。

留下的钓鱼人叹着气说："唉！不听我的劝告，偏要去冒无谓的风险，有什么办法呢！说到游水，我的本事不比他差，然而我就懂得小心谨慎。"

过了一会儿，第一个钓鱼人的脑袋又出现在下游的水面，他好像游得有些吃力，然而却渐渐接近对岸了。

"他能到达岸上吗？很难说！"。第二个钓鱼人想，同时张望着有没有过路的小船来搭救自己。

不久，远处的岸上出现了一个黑点，证明第一个钓鱼人是达到目的了。

"他侥幸游过去了。"留下的钓鱼人想，"我虽然还被困在这里，但我并不后悔。冒那么大的风险，太不值得。——咦，水怎么涨得这样快？糟糕！还没有小船经过……"

沙碛已经没有了，而且，留下的钓鱼人已被水淹到胸部了。

"唉，我这回大概完蛋了！"这个钓鱼人无可奈何地叹着气，但随即又对自己说，"不过，我并不后悔。我是小心谨慎的，没去冒险。死在小心谨慎里，总比死在危险里强！"

他刚说完，水就漫过了他的头顶。

85. 痛苦积聚力量

有一个女孩，很小的时候就拥有一个梦想：成为一名出色的滑雪运动员。然而，她不幸患上了骨癌。为了保住性命，她被迫锯掉了右脚。后来，癌细胞扩散，她先后又失去了乳房和子宫。

一而再，再而三的厄运降临到她的头上，她哭泣过、悲伤过，但却从没有放弃过心中的梦想，她一直告诫自己："轻言放弃，就是失败，我要对自己的生命负责。"

最后，她不但没有被病魔打倒，相反，她以顽强的斗志和无比的勇气，排除万难，终于为自己创下了多项世界纪录，其中包括获得了 1988 年冬季奥运会的冠军，还在美国历届滑雪锦标赛中赢得 29 枚金牌。后来，她还成为攀登险峰的高手。她就是美国运动史上极具传奇色彩的著名滑雪运动员——戴安娜·高登。

86. 战胜命运的孩子

有两个孩子，一个喜欢弹琴，想当音乐家，一个爱好绘画，想当美术家。

不幸的是，想当音乐家的孩子，忽然耳朵聋了；想当美术家的孩子，突然眼睛瞎了。他俩非常伤心，痛哭流涕，埋怨命运的残忍。

这时，有位老人恰巧经过，听到了孩子们的埋怨。他走上前，先对耳聋的孩子比划着说："你的耳朵坏了，但眼睛是明亮的，为什么不改学绘画呢？"接着，他又对眼瞎的孩子说："你的眼睛坏了，但耳朵是灵敏的，为什么不改学弹琴呢？"

孩子们听了，心里顿时豁亮，他们擦干眼泪，开始了新的追求。

说也奇怪，改学绘画的孩子，慢慢地觉得耳聋反而有利，因为，他能够避免一切喧嚣的干扰；改学弹琴的孩子，渐渐地也觉得失明反倒更好，因为，他可以免除许多无谓的烦恼。

果然，耳聋的孩子，终于成了美术家；眼瞎的孩子，也终于成了音乐家。一次，美术家和音乐家，又遇见了那位老人。他俩非常感慨，拉住老人的手连连道谢。

老人笑着说："不要感谢我，应该感谢你们自己。事实说明，当命运断绝了一条道路的时候，它常常会留下另一条道路。所以，在任何时候，都不要埋怨命运，而要依靠自己！"

87. 一个男孩的座右铭

一个男孩生性怯懦，屡遭同伴们的嘲弄和耻笑。男孩为此苦恼不已，做梦都想成为一个勇敢且受人尊重的人。

后来男孩应征入伍了，他原以为换个新的环境会给他的境遇带来改观，但由于秉性使然，不久，男孩便再次沦为大家嬉闹、戏谑的对象。男孩对此非常苦恼。

一天，教官对新兵们进行投掷训练，他突然把一枚手榴弹向着新兵旁边掷过去，新兵们个个大惊失色，连滚带爬地纷纷溃散。教官的脸色顿时有些阴暗，他愤愤地说："这只是一枚不会爆炸的手榴弹，我这样做是想检测一下你们的心理素质，看看你们在突发事件前，能否保持镇定和勇敢——要知道，对一名军人来说这是至关重要的！"

恰巧，那天男孩因病未能出练。第二天，当他出现在操场上时，教官暗示新兵们不要声张，便故伎重施，将手榴弹像昨天那样再次投掷。大家掩面窃笑，期待一场闹剧的上演。

同他们一样，男孩并不知道手榴弹不会爆炸。然而，在那一瞬间，他却奋不顾身地扑了上去，用瘦弱的身体把手榴弹压在自己身下，并伴以紧迫而短促的一声大吼："快！快闪开！"

大家惊诧了！个个面面相觑。谁也没想到，男孩竟企图用牺牲自己为代价，来换取战友们的生命。男孩在那一刻所表现出来的无私与无畏、果断与勇敢征服了大家。

过了好久，男孩才明白过来，缓缓地从地上爬起来，羞臊地低下了头，等待同伴们的奚落。然而，这次没有，每个人都将自己的无上崇敬和感激，化作热烈的掌声，经久不息。

男孩哭了。这是他平生头一次为受到如此厚重的礼遇而流泪。

从此以后，男孩一点一点地从卑怯中走了出来，屡立军功，赢得了大家的无限崇敬。

想及年少的际遇与今日的辉煌，已是军官的男孩总是感慨万分地说："忘掉自己，你就会变得勇敢；关怀别人，你才能赢得尊重！"

这句话成了男孩矢志不渝的座右铭。

88. 勇气的力量

在一次测量自信心的试验中：专家让 10 名志愿者走过一间黑暗的房子。房子里没有一点灯光，伸手不见五指。试验的结果是：10 个志愿者都成功地走了过去。

试验完毕后，专家才打开灯。屋里的情况把那些志愿者吓坏了：

房子的地面是水池，水池里有十几条鳄鱼，刚才他们就是从水池上的一座小木桥上走过去的。

志愿者看清楚屋子的情况以后，专家又问："谁愿意再次穿过这间房子呢？"

一段长时间的沉默之后，只有 3 个人站了出来：第一个人用很慢的速度走了过去；第二个人走到一半时，居然趴在小桥上颤颤巍巍地爬了过去；第三个人仅仅走了几步就再也不敢向前走了。

试验完毕，专家又在水池上装了一张安全网后，又问剩下的 7 个人：

"现在，还有谁愿意通过这座小木桥呢？"

又是一阵沉默，这次有 5 个人站了出来，他们愿意从小木桥上走过去。专家看看他们，又笑了笑，对剩下的两个人说：

"你们已经看到有安全网了，为什么还不愿意走过去呢？"

"这张网安全吗？牢固吗？你能确保我们走过去没有危险吗？"两个人异口同声地问道。

89. 最高的跨栏

巴顿是美国陆军名将。18 岁那年，他进入西点军校学习。在西点军校，巴顿总是寻找机会，刻意训练自己的胆量。

有一天，教官招集学员进行马术训练，并在操场上摆出许多高低不同的跨栏，让学员们根据自己不同的情况进行挑选，有些学员挑了低一些的跨栏，以便能够顺利。

轮到巴顿时，考官问他："巴顿，你需要哪一种跨栏呢？"

巴顿不假思索地回答："最高的那种。"

身边的一名学员疑惑地看着他："你跳得过去吗？可别为了出风头，摔个鼻青脸肿啊！"巴顿平静地回答："跳不跳得过去无所谓，我只是想锻炼一下自己，不想让自己成为一个胆小如鼠的人。"

说完，巴顿跨上战马，像狂飙一样朝跨栏疾驰而去。只见他紧勒缰绳纵马一跃，战马便腾空飞过了那道最高的跨栏。

"好！"观看的学员们情不自禁地为巴顿叫好，纷纷鼓起了掌。而把这一切都看在眼里的教官，对巴顿的勇气和胆量更是赞叹不已。

90. 勇于冒险

有一天，龙虾与寄居蟹在深海中相遇，寄居蟹看见龙虾正把自己的硬壳脱掉，只露出娇嫩的身躯。寄居蟹非常紧张地说："龙虾，你怎么可以把唯一保护自己身躯的硬壳也放弃呢？难道你不怕有大鱼一口把你吃掉吗？以你现在的情况来看，连急流也会把你冲到岩石上去，到时你不死才怪呢？"

龙虾气定神闲地回答说："谢谢你的关心，但是你不了解，我们龙虾每次成长，都必须先脱掉旧壳，才能生长出更坚固的外壳，现在面对的危险，只是为将来的更安全而做出的准备。"

寄居蟹仔细思量一下，自己整天只找可以避难的地方，而没有想过如何使自己成长地更强壮，整天只活在别人的庇护之下，难怪永远都没有更好的发展。

91. 蜘蛛的启示

19世纪初，一支英国大军被拿破仑所率领的军队击溃，这支军队的将领们落荒而逃。其中一位躲进农舍的草堆里避风雨，既痛苦，

又懊丧。茫然中，他忽然发现墙脚处有一只蜘蛛在风雨中奋力结网，蛛丝一次次被吹断，但蜘蛛一次又一次拉丝重结，毫不气馁，终于把网结成。将军被这个小精灵震撼了，深受鼓舞。后来他重整旗鼓，厉兵秣马，终于在滑铁卢战役中打败了对手拿破仑。这位将军，就是历史上赫赫有名的威灵顿将军。

每个人在他的一生中总会遇到这样或那样的困难。伟大的音乐家贝多芬，17岁丧母，32岁失聪，接二连三的打击没有击倒他，反而激励他创作出举世闻名的乐曲，如《蓝色的多瑙河》、《命运交响曲》，等等。牛顿，只上过3个月的小学便辍学在家，但一样凭借自己的刻苦钻研发现了万有引力定律，成为伟大的物理学家。

92. 勇敢的气

半夜里，一个小女孩要上厕所，她独自一个人爬起来下床去，走到卧室门口，开门看了看，又折回来，门厅里太黑，她害怕了。

母亲说："宝贝，别害怕，鼓起勇气。"

"勇气是什么？"她跑到母亲的床前，问母亲。

"就是勇敢的气。"母亲回答。

"妈妈，你有勇气吗？"

"我当然有了。"

女儿伸出她的小手，说道："妈妈，那你把你的勇敢的气给我吹点吧。"

母亲对着她冰凉的小手心儿吹了两口气，她紧张兮兮地忙攥紧拳头，生怕"勇敢的气"跑掉了。然后，女儿就那么攥着拳头，大踏步地、无所畏惧地走出了卧房，上厕所去了。

其实，很多时候，我们害怕的不是别的，是自己内心凭空生出来的恐惧。我们要战胜的也不是别人，正是我们自己。

93. 勇敢地活下去

我们在日常生活中难免会遭受到一些困难和挫折，每当这个时候，你会怎么做呢?

有一个年轻人，在第一次做生意时就遭受了惨重的失败，赔光了全部的积蓄。他无法接受这个事实，他觉得老天对他太不公平了，于是他想到了死。他找了一根绳子来到树林里，想找一棵树上吊。

他来到一棵高大而又结实的树下，把绳子牢牢地绑在树上，正在这时，一根树枝说话了："年轻人，请不要在我身上吊死吧，有一对小鸟正在我枝头上筑巢呢! 这让我很快乐。如果我折断了，鸟巢就保不住了。请你理解我，也可怜可怜这对小鸟吧!"

年轻人听了，动了怜悯之心，于是他把绳子绑到了另外一根树枝上。可是没等他绑好，这根树枝也说话了："年轻人，发发慈悲，放过我吧! 你没看到我又生出新的嫩芽吗，没多久他们就会长成更加茁壮的枝条了，到那时候我们这棵树就会更加茂盛了，成群的蜜蜂也会飞到这里嬉戏、采蜜，那将是一幅多美的画面啊。"

年轻人听了，只好又将绳子往第三根树枝上绑。可是这根树枝也开口了："年轻人，放过我吧! 我可以给路人带去一丝凉意，或者为他们挡风遮雨，这让我充分享受到了帮助别人的快乐。如果我折断了，就再也不能享受这种快乐了。"

这时，年轻人愣住了。他扪心自问道："难道我连这些树枝都比不过吗? 他们尚且知道尽自己所能去帮助别人，而我连这一点点打击都承受不起吗? 不行，我不能就这样白白浪费掉自己的生命，我要让自己活的更有价值。"想到这里，他突然觉得轻松多了，先前的

155

那些痛苦也不知什么时候消失得无影无踪了。从此，他以这三根树枝为榜样，尽自己的所能去帮助每一个需要帮助的人，并且他也从中获得了快乐。

94. 黑暗中的老虎

许多年前，曾经有一个风靡一时的电视转播节目，其中有一段孟加拉虎的表演，特别受观众的喜爱。

一天晚上，驯兽师像往常一样演出。在众人瞩目之下，他领着几只老虎进入铁笼子，然后将门锁上。观众紧张地注视着聚光灯下的铁笼子，看驯兽师如何潇洒地挥舞鞭子、发号施令，看威武的老虎如何服服帖帖做出各种杂耍动作。演出越来越精彩，可是就在这时，出人意料的事情发生了：现场突然停电！驯兽师被迫待在兽笼里与凶猛的老虎为伍。黑暗中双眼放光的孟加拉虎近在咫尺，而他却看不到它们，只有一根鞭子和一把小椅子可作防身之用。在长达近一分钟的时间里，观众的心情忐忑不安，都为笼子里的驯兽师担忧。然而，在灯重新亮了以后，大家惊喜地发现驯兽师安然无恙，之后他平静地将整个演出完成。

后来有人问他，他当时是否害怕老虎会朝他扑过来。驯兽师说，一开始自己确实感到毛骨悚然，但他马上就镇静了下来，因为他意识到一个非常重要的事实：虽然他看不见老虎，但老虎并不知道这一点。"所以，我只需像往常一样，不时地挥动鞭子、吆喝，就当什么事也没发生一样，不让老虎觉得我看不到它们。"

95. 山羊与老虎

有这样一则寓言故事：一只小山羊误入了老虎洞，正准备离开这个有生命危险的地方时，老虎回来了。老虎问："你是什么人？敢擅自进入我的家？"山羊一听老虎的口气，便知道老虎并不认识它。于是从容不迫地叼起一根老虎吃剩的骨头，自言自语似的说："老虎肉真香呀！"老虎起疑了，壮着胆子又问："你到底是什么人，敢吃我的肉？"山羊盛气凌人地说："有眼无珠的东西，连我山大王都不认识吗？你也过来让我吃吧！"说着用它一对犄角迅速地向老虎冲去。老虎吓得掉头就跑。在逃跑中，老虎遇见了狐狸。狐狸问："虎大哥，山大王是什么样子？"老虎说："浑身长着雪白的毛，头上还有两把尖尖的钢刀。"狐狸哈哈大笑："您老上当了，那是最软弱的山羊，它的肉又嫩又鲜。"老虎半信半疑地跟着狐狸往回走。这时山羊还没走多远，只见狐狸领着老虎又回来了。它知道这是狐狸从中捣鬼，便大模大样地迎上去，恶狠狠地对狐狸说："你这个不讲信用的混蛋，答应我今天送两只老虎给我吃，怎么只有一只？"老虎一听魂飞魄散，没等狐狸辩白就将它咬死，又奔向了逃亡之路。山羊终于躲过一场劫难。

96. **忠实的老马**

有一匹老马，由于年老体衰，被狠心的主人赶出了家门。老马苦苦哀求主人把他留下。主人却取笑似的说："除非你能给我带回来一头狮子，证明你还很强壮，否则没有什么可商量的。"

老马伤心极了，他知道自己是根本不可能抓住一头狮子的。他垂头丧气地向森林深处走去，一只狐狸迎面走过来。狐狸看到老马愁眉苦脸的样子，问道："老马大哥，你这是怎么了，一脸不高兴的样子？"老马叹了口气说："我怎么能高兴得起来呢，我被主人抛弃了。他说除非我能把一头狮子带回去，才肯收留我。"狐狸听了，眼珠一转，说道："这个好办，你看我的。"说着，他让老马躺在地上装死。然后，他跑到狮子家里，对狮子说："狮子大王，美事来啦！我在路边看见一匹刚刚死掉的马，他的肉一定嫩极了，美极了。我本想把他给您带回来的，可是他太重了，我拖不动啊。所以只好请您亲自跑一趟了。"狮子听了非常高兴，立刻跟着狐狸来到老马躺着的地方。狮子张开血盆大嘴就要吃掉老马，狐狸连忙说："天这么热，在这里吃多不舒服。还是把他拖回家里慢慢享用比较好。让我帮你把马尾巴绑到身上，这样您拖起来就更容易了。"狮子听了，觉得狐狸说得有道理，就同意了。他一动不动地站着，让狐狸把马尾绑在自己身上。

狐狸用马尾在狮子的双腿上捆得结结实实的，然后拍了拍马背说："起来吧！老马，你可以走了！"于是，老马爬起来，拖着狮子就跑。狮子知道上当了，开始大声咆哮起来，老马根本不理会，狂奔着把狮子拖到了主人的家门口。

主人看见老马真的拖了一头狮子回来，他也信守了诺言，留下了老马。

97. 悬梁刺股的故事

古代的中国人很重视读书。为了鞭策和激励自己努力读书，他们想出了许多有趣的方法，例如孙敬的"悬梁读书"和苏秦的"刺股读书"，便是很好的证明。

　　孙敬是西汉信都人，他饱读诗书，博学多才，是一名通晓古今的大学问家。

　　他年轻的时候发愤求学，常常读书到深夜。看书时间久了，有时不免会打瞌睡，等到一觉醒来，又懊悔不已。有一天，他正抬头冥思苦想，目光停在房梁上，顿时眼睛一亮。

　　于是，他找来一根绳子，把头发挂在房子的梁上。当瞌睡来的时候，头会垂下来，但悬挂在梁上的头发便扯着头皮，这样，疼痛会使自己惊醒，顿时睡意全无。

　　从那以后，他每天晚上都用这种办法苦读。

　　年复一年地刻苦学习，使孙敬在当时的江淮以北颇有名气，常有学子不远千里来向他求学解疑，讨论学问。

　　苏秦是东周洛阳人，是战国时的谋略家。他年轻时曾四处游说各国君主，希望能够谋取一官半职。然而，他得不到任何一个君主的赏识，只好失望地回家。苏秦为此很伤心，暗下决心要好好读书，增长学问。

　　苏秦日夜埋头读书，可是每到深夜就会打瞌睡。为了驱除睡意，他便将一把锥子放在身边。每当自己昏昏欲睡时，就拿起锥子刺向自己的大腿，一阵剧痛令苏秦睡意全消，于是，再提起精神读书。这样一年以后，苏秦终于学有所成，再四处游说各国君主，便得到了重用。

98. 凿壁偷光的故事

　　匡衡是西汉人，出生在一个穷苦的农民家庭。他从幼年起就酷爱读书。白天要劳动，没有多少空余时间，晚上很想读书，却穷得点不起灯，他为此很苦恼。后来，他发现邻居家夜夜有灯光，就想了个办法。因为邻家点灯的房子和他的住室之间，只隔着一堵墙，于是，他便在墙上凿了个小孔。灯光果然从小孔里透过来了。他高兴得跳了起来。从此以后，他每夜蹲在墙脚，借着这一线亮光读书，直到邻居家熄了灯，他才心满意足地去睡觉。

过了不久，又发生了另一个问题：他仅有的几册书早已被读得滚瓜烂熟，却一直没有钱买新的，向有书的人家去借，又常常碰钉子，他又开始苦恼起来。

当地有个叫"文不识"的富豪，家里藏书很多。匡衡便请人介绍，去文家当长工。到了文家，他干活既卖力又不要一文工钱。"文不识"觉得很奇怪，就问匡衡道："你为什么自愿做工，而不要工钱呢？"

"我给您做工，不为别的，只希望您把书借给我，让我好好阅读。""文不识"答应了他的请求。匡衡一得到丰富的图书，就像几天没有吃饭的人得到美食佳肴一样，贪婪地、津津有味地读啊读啊，读完一册又读另一册。

这样日积月累，他终于成了著名的大学者。

99. 钟会循序渐进

三国时有一个叫钟会的人，是颖川长社（今河南长葛东）人。

钟会的母亲张氏很注意对儿子的培养和教育。钟会4岁的时候，张氏就教他读《孝经》，7岁时读《论语》，8岁开始读《诗经》。"

钟会从小就非常聪明，母亲教他的功课，他不费多大力气就领会掌握了。因此，小钟会学习起来就不太用心。母亲发现后，十分生气，说："我教的功课，你都会了吗？"

钟会回答："会了。"

母亲让钟会背诵，钟会就流利地背诵；母亲让他讲解，钟会就详细地讲解。母亲又提出几个问题让钟会回答，这一下可把幼小的钟会难住了。母亲认真地说："学习可不能骄傲自满，要一步一个脚印，走得才扎实。"

从此，钟会开始静下心来，严格按照母亲布置的计划，循序渐进地学习。他10岁读《尚书》，11岁读《春秋》、《左传》、《国语》，12岁读《周礼》、《礼记》，14岁读父亲钟繇写的《易记》。15岁开始，钟会被送到太学读书。

临去太学前，母亲把钟会叫到跟前说："我怕你学习不深入扎实，所以一直让你循序渐进。现在，你的基础已经打好了。从今以后，你可以独立地找书读，尽可能广泛地学习知识了。"

钟会进入太学后，读了许多书，常常夜以继日地刻苦钻研。后来，他成为魏国一个非常有名望的将领。

100. 喂鸡求学的诸葛亮

诸葛亮小的时候，跟着隐居在襄阳城南的水镜先生学习兵法。水镜先生养了一只公鸡，公鸡一到晌午啼叫三声，水镜先生就下课了。诸葛亮听课听得很不过瘾。

后来，他想了一个办法，在裤子上缝了一个口袋，每天上学的时候，就抓几把小米放在口袋里。当晌午快到时，他悄悄地朝窗外撒一把小米。公鸡见有黄灿灿的小米，顾不上啼叫，就啄食起来。刚刚啄完，诸葛亮又撒一把，直到把口袋里面的小米撒完。

等公鸡吃完口袋里的小米再叫时，水镜先生已多讲了一个时辰的课了。

水镜先生多讲了一个时辰的课，可把师娘饿坏了，时间长了不免抱怨几句："怎么搞到这么晚，晌午过了，也不知道饿！"

"你没听见鸡才叫吗？"水镜先生说。

师娘是个聪明人，知道其中必有奥妙。

第二天快到晌午的时候，她悄悄地来到了院子里，只见那只花颈公鸡刚要伸长脖子叫唤，就有人从书房窗口撒出一把小米。她走上前，把事情看了个仔细，又悄悄地回家了。

这天水镜先生回来，师娘笑着说："你这个当先生的，还不如小诸葛。"于是她把刚才看到的情况，一五一十地告诉了水镜先生。

水镜先生听后一愣，又哈哈大笑起来，心想诸葛亮喂鸡求学，真是聪明过人，将来必定是盖世奇才。

诸葛亮经过刻苦学习，终于成为杰出的政治家和军事家，帮助刘备建立了蜀汉政权。

101. 囊萤映雪

车胤是晋代人，从小好学不倦，但因家境贫困，父亲无法为他提供良好的学习环境。为了维持温饱，家里没钱买灯油供他晚上读书。为此，晚上的时间他就用来背诵诗文。

夏天的一个晚上，他正在院子里背一篇文章，忽然看见许多萤火虫在低空中飞舞，一闪一闪的光点，在黑暗中显得有些耀眼。他忽然想，如果把许多萤火虫集中在一起，不就成为一盏灯了吗？于是，他去找了一只白绢口袋，随即抓了几十只萤火虫放在里面，再扎住袋口，把它吊起来。虽然不怎么明亮，但可以勉强用来看书了。从此，只要有萤火虫，他就去抓一把来当做灯用。由于他勤学苦练，学识不断提高，后来终于被朝廷重用，担任过辅国将军、吏部尚书（协助皇帝处理政事的官职）等重要职位。

同时代的孙康也是如此。由于没钱买灯油，晚上不能看书，早早睡觉又让他觉得时间这样白白流逝，非常可惜。

一个隆冬的深夜，他从睡梦中醒来，无意间把头侧向窗户，发现窗缝里透进一丝光亮。他推开一点窗，见窗外正飘着雪花，地上的积雪已厚厚一层了。他随手拿起桌子上的书，上面的字清晰可辨，不正可以利用雪光来看书！他顿时睡意全无，立即穿好衣服，取出书籍，来到屋外。宽阔的大地上映出的雪光，比屋里要亮堂多了。孙康不顾寒冷，立即看起书来。此后，每逢有雪的晚上，他都不放过这样的好机会，孜孜不倦地读书。这种苦学的精神，促使他学识突飞猛进，后来成为有名的学者。

102. 玄奘西行取经

玄奘（602～664年），原姓陈，名祎，通称三藏法师，民间称唐僧。洛州缑氏人（缑氏，现在的河南省偃师县缑氏镇）。玄奘是他出家后的法号。

唐朝初年，玄奘到四川研学佛经。那时候，四川比较安定，从全国地方聚集了很多有名的高僧。玄奘虚心向他们学习，进步很快。他逐渐发现国内的佛学典籍多有不详之处。于是，他决心到佛教的发源地天竺（今印度半岛）去学佛经。

玄奘于公元627年（贞观元年），从长安出发，踏上西行的道路。当时中国的西部地区还在突厥的控制之下，唐朝政府严禁百姓私自出境。官府拒绝了玄奘的申请。后来，玄奘终于得到一个信仰佛教的官员的帮助，通过了边境。

经过半个多月的艰苦行程，玄奘终于走出八百里沙漠，来到了高昌国（在今新疆境内）。

此后，玄奘又历尽艰难险阻，翻越冰川，整整走了一年，公元628年夏天才到天竺。他访问了伽倻城（今印度比哈尔邦加雅城），那里有一棵五丈多高的菩提树，佛教创始人释迦牟尼曾经在这棵树下苦修。他到了佛经中所说的西天灵山，参观了释迦牟尼说法的道址。这些实地考察，使玄奘对佛经的研究更深入了。

然后，玄奘开始到处去寻访名僧大师求学，先后游遍了包括现在的印度、巴基斯坦、孟加拉等国家，最后远居在那烂陀寺。

摩揭陀国（今印度比哈尔邦南部）的那烂陀寺，是天竺佛教的最高学府，已经有七百多年的历史，常年有僧徒一万多人在那里学法。玄奘到寺院的那天，一千多名和尚和许多百姓都手捧鲜花迎接来自中国的客人。那烂陀寺的住持（当家和尚）戒贤，是个年过百岁的得道高僧，他早已不讲学了，但是为了表示对中国的友好，破例收玄奘为弟子，给他讲学，用15个月的时间，给玄奘讲了最难懂的佛经。

玄奘夜以继日地钻研佛经，学习当地的语言，取得了优异的成绩。在那烂陀寺，能通晓20部经论的有1000人，通晓30部的500人，通晓50部的只有10人，玄奘就是这10人中的一个。但是他并没有停止学习。10年中，他在天竺到处求教，成为了像戒贤一样的高僧，通晓了全部经论的奥妙。玄奘成为了印度当时最著名的佛学家。

唐太宗贞观十九年（645年）初，玄奘带着六百五十多部佛教经典书籍，经由原路，回到了中国的都城长安，安居在洛阳白马寺。这时候，距离他从长安出发已经整整19年了。

103. 写在树叶上的书

陶宗仪，浙江黄岩人，年轻时参加过乡试（当时每三年在省城

举行的一次考试，考中的称为"举人"），因为没有考中，回家就开始刻苦自学，钻研学问。同时，他还到浙东一带，找了许多有名望的人当老师，向他们学习写作。

当时正是元朝末年，战火纷飞，天下大乱。陶宗仪因为家里实在太贫穷，只好背井离乡，到江苏松江一带去当教书先生。后来，他在松江南村买了几亩地，于是就居住下来，一边教书，一边从事生产劳动。

每当陶宗仪去田里干农活时，他都习惯地把笔墨带在身边。干活干累了，他就坐在树荫下面休息，一边摘下树上的叶子，把平时学习的心得体会或者平时耳闻目睹的重要事件，都记载在一片片树叶上。写完了，他就把树叶随手扔进一只瓦罐里。干完农活回家前，他就把瓦罐埋在树旁的泥土下面。

就这样，月复一月，年复一年，十年时光很快过去，陶宗仪写满字的树叶足足装满了几十只瓦罐！后来，他把这些瓦罐全部挖出来，在学生帮助下，通过抄录整理，编成了《南村辍耕录》三十卷。在这部书中，琴棋书画、字帖碑刻、语言文字、风土人情、历代掌故等等，均有涉及，对于研究中国古代的历史、经济、文化等，有十分重要的参考价值。

104. 专心读书的小女孩

居里夫人即玛丽·居里，出生在波兰一个清贫的知识分子家庭。她酷爱学习，曾发现了"钋"和"镭"这两种元素，两度获得诺贝尔奖。

玛丽从小就爱读书，而且一读起书来就特别专心，不管周围怎么吵闹，都分散不了她的注意力。

　　有一次，玛丽的姐姐和同学们一起玩，她们唱歌、跳舞、做游戏，非常热闹，而玛丽就像没看见一样，在一旁聚精会神地读书。伙伴们看到玛丽专心致志读书的样子，就想试一试她是不是真的这样用心。伙伴们经过讨论想出了一个办法，她们悄悄地搬上椅子，蹑手蹑脚地来到玛丽的身后，将椅子堆成椅子塔，这样只要玛丽一动椅子就会倒在地上。时间一分一秒地过去了，可是玛丽仍然没有动静，她还沉迷在书的世界中，伙伴们都有些着急了。

　　又过了一段时间，玛丽终于看完书站了起来，只听见身后一声响，椅子塔倒了。玛丽看了看倒在地上的椅子，又看了看发出笑声的伙伴们，她的眼里满是疑惑，她还没弄清楚是怎么回事。等玛丽明白了以后，她也并没有生气，只是拿着书又到隔壁的房间去学习了。看到玛丽用心学习的样子，伙伴们再也不逗她了，而且表示要像她那样专心读书，认真学习。

　　少年时的玛丽就是这样专心致志学习的，她的学习成绩一直名列前茅。靠着勤奋学习和不懈努力，玛丽成为了一名杰出的女科学家，在科学领域作出了卓越的贡献。

105．15 岁获奖的小作家

　　维克多·雨果是法国浪漫主义文学运动的领袖，法国文学史上最伟大的作家之一，他被称为法兰西的"莎士比亚"，代表作有《巴黎圣母院》、《悲惨世界》、《九三年》等。雨果的父亲是一位军人，他出生后不久，母亲就带着他随同父亲转战南北。

　　雨果的母亲很喜欢看书，经常从租书店借些文学名著来读。看到母亲读得那样入迷，他也要看看，渐渐地，他对文学产生了兴趣，母亲手中的书成了雨果最关心的事情。后来，母亲让孩子们代她到书店取书，小雨果总是抢在哥哥前面把任务揽下来，这是他最喜欢干的事，因为又可以到书店尽情浏览了。

雨果 12 岁时，一家人回到巴黎，雨果进了中学。那时法国诗歌盛行，几乎人人都喜欢朗诵诗歌，雨果很快也成了诗迷，就是躺在被窝里，还想着没写完的诗。有一次，雨果碰伤了膝盖，不得不卧床休息。尽管膝盖很痛，可是他心中窃喜，因为他可以不去上课，而可以专心写诗了。雨果的父母都是文学爱好者，他们对雨果的文学创作十分支持，母亲还经常和他一起探讨、推敲，怎样把诗歌写得更富有文采。雨果在三年的时间里写了许多诗歌。

在他 15 岁那年，法兰西科学院征文，雨果把自己写的一篇诗作《读书之益》寄去，家人并不抱什么希望，没想到真的获奖了，还得到国王 1000 法郎的奖学金。这件事大大增强了雨果的自信心，从此，他创作的热情更高了。

106. 奇特的小纸条

杰克·伦敦是美国著名的小说家，他的成才靠的是他的顽强勤奋以及刻苦精神。

凡是到过杰克·伦敦家中的人都会发现他的家里有着与众不同的地方，那就是窗帘上、衣架上、橱柜上、床头上、镜子上、墙上……到处贴满了形形色色的小纸条。小纸条上边写满了各种各样他搜集来的材料，有美妙的词汇，有生动的比喻，有五花八门的故事，真是包罗万象！这些小纸条都是杰克·伦敦平时一点一点积累起来的，因为他从小家境不好，为了生存，他干过各种各样的工作，与形形色色的人打过交道，经历了艰苦的拼搏，他没有机会很系统地进行学习，所以杰克·伦敦总是不想让时间白白地从他眼皮底下溜掉，他利用一切可用的时间来学习，以弥补自己的不足。杰克·伦敦阅读了大量的小说和其他读物，并将它们制成了独特的小纸条。睡觉时，他默念着贴在床头的小纸条；第二天早晨一觉醒来，他一边穿衣，一边读着墙上的小纸条；刮脸时，看镜子上的小纸条；在踱步休息时，他一边回忆小纸条上的内容，一边到处寻找启发创作灵感的词汇和资料，就连吃饭的时间他也不肯放过，脑子还在不停地搜索资料。

随着小纸条数目的增加，杰克·伦敦的知识也日渐丰富，写作的素材也就越来越多。正是由于杰克·伦敦这样锲而不舍地搜集、积累材料，一点一点地把材料装进了自己的脑子里，并且灵活地加以运用，他后来才写出一部又一部光辉的著作。

107. 珍贵的梦

19世纪，化学界的许多问题都处于探索阶段，诸如自然界到底有多少种元素，元素之间有什么异同和存在什么内部联系，新的元素应该怎样去发现等等。世界各国的许多科学家都为此而刻苦努力，却仍是不得其解。22岁的俄罗斯化学家门捷列夫也在不分昼夜地研究着，反复测试，不断思考。面对一次又一次的失败，他不气馁、不屈服、不灰心，坚持到底。过度的紧张使他经常昏眩。一天，一阵昏眩再次袭上他的大脑，门捷列夫立刻抓住椅背稳住自己摇晃的身体，对自己说："我也许是太累了，太困了。我应该睡上一小会儿。"于是，他在椅子上坐下来，趴在桌子上睡着了。

在梦里，他看见一些奇形怪状的东西在空中飘荡，像字母，像元素符号，像……但又好像什么都不是。这些东西分散聚合，奇妙无比，迷幻般地飘荡着，飘荡进那64个门中。那些门突然射出强烈的亮光，亮光中赫然显现出一些符号和数字……

门捷列夫猛然间惊醒了。他跳了起来，迅速抓过纸笔，一边念叨着梦中出现的那些符号，一边飞快地写了起来。

连一分钟也不到，门捷列夫就记下了梦中出现的那些符号，然后他用表格将它们框进去。

门捷列夫盯着这表格看了足足有几分钟，突然他叫了起来："这就是化学元素周期表，我把它画出来了！我画它画了 20 年，现在不到一分钟，我就把它画出来了！"

108. 终身勤奋的天才欧拉

1707 年，欧拉出生于瑞士的巴塞尔，13 岁时进入巴塞尔大学。16 岁从巴塞尔大学毕业时，他已成为巴塞尔有史以来第一位年轻的硕士。19 岁他写了一篇关于船桅的论文，获得巴黎科学院奖。从此，他的创作热情如江河滔滔，奔腾不息。

1727 年，沙皇喀德林一世把欧拉请到了彼得堡。1733 年，欧拉任彼得堡科学院教授，时年 26 岁。长期紧张地、夜以继日地从事研究工作，加上炎热的气候，给欧拉的健康带来了严重的伤害：他右眼失明了，这时他才 28 岁。但这个打击并没有动摇他献身科学的志向和决心。

欧拉更加勤奋地工作，即使在不良环境中仍始终如一，他经常抱着孩子，在喧哗声中完成他不朽的论文。

1741 年，欧拉应普鲁士腓特烈大帝的邀请，到柏林任柏林科学院物理、数学所所长，在那里他工作了 25 年，是柏林科学院的创始人之一。

109．玉米花

高尔文是个身强力壮的爱尔兰农家子弟，充满进取精神。13 岁时，他见到别的孩子在火车站月台上卖爆玉米花赚钱，也一头闯了进去。但是，他不懂得，早占住地盘的孩子们并不欢迎有人来竞争。为了帮他懂得这个道理，他们无情地抢走了他的爆玉米花，并把它们全部倒在街上。第一次世界大战以后，高尔文从部队复员回家，他又雄心勃勃地在威斯康星办起了一家公司。可是无论他怎么卖劲折腾，产品依然打不开销路。有一天，高尔文离开厂房去吃午餐。回来只见大门上了锁，公司被查封，高尔文甚至不能够进去取出他挂在衣架上的大衣。

高尔文并没有气馁，积极寻找着下一次机会。

1926 年他又跟人合伙做起收音机生意来。当时，全美国估计有 3000 台收音机，预计两年后将扩大 100 倍。但这些收音机都是用电池作能源的。于是他们想发明一种灯丝电源整流器来代替电池。这个想法本来不错，但产品还是打不开销路。眼看着生意一天天走下坡路，他们似乎又要停业关门了。高尔文通过邮购销售办法招徕了大批客户。他手里一有了钱，就办起专门制造整流器和交流电真空管收音机的公司。可是不出 3 年，高尔文依然破了产。此时他已陷入绝境，只剩下最后一个挣扎的机会了。当时他一心想把收音机装到汽车上，但有许多技术上的困难有待克服。到 1930 年底，他的制造厂的账面上竟欠了 374 万美元。在一个周末的晚上，他回到家中，妻子正等着他拿钱来买食物、交房租，可他摸遍全身只有 24 美元，而且全是借来的。

然而，经过多年的不懈奋斗，如今的高尔文早已腰缠万贯，他盖起的豪宅就是用他的第一部汽车收音机的牌子命名的。

110. 走哪条路

一天，鬣狗先生该吃中午饭了，就出去找食。走着走着，它闻到一股扑鼻的烤肉香味。它不由纳闷，香味是从哪儿飘来的呢？它决定沿着通往密林的一条小路去寻找。

鬣狗沿小路走了一段，前边出现了岔路，原来的小路分成两支。这时，烤肉的香味越来越浓。鬣狗站在岔道口想："到底哪条路能把我带到那美好的地方去呢？"它闻闻这条路，又闻闻那条路，犯了难，决定不下究竟应该走哪条。

最后，它决定先试一下，自言自语地说："我还是走左边这条吧，看来这条路能把我带到有烤肉的地方。"

试走一段之后，它想："这条好像不对，我必须走右边一条。"它灰心丧气地走回来，又有些担心：自己还没有走到头儿，万一那里有烤肉，被别人吃完了怎么办？考虑来考虑去，究竟是沿左边那条小路走下去，还是重新走右边那条，半天拿不定主意。后来，它忽然心生一计，决定沿着两条小路同时走，它得意地说："看来只有这样，我才能走到那烤肉的地方。"

鬣狗把四条腿横跨在两条小路上，前两条腿站在左边，后两条站在右边。就这样，它起步出发了。

刚开始，两条路之间隔得不远，它觉得还比较容易走。但走了一段之后，两条小路之间的距离越来越宽，前后腿之间的距离也不得不越张越大。后来，大得简直难以忍受，好像它那饿扁了的肚子随时都可能被撕成两半，连步子也迈不动了。它气喘吁吁地呻吟着，一点一点地往前挪，但它仍然盼着能达到目的。最后，它感到实在

坚持不住了，颓然栽倒在地上。它只能任由烤肉的香味一阵一阵地飘过它的鼻子了。

111. 重要的一课

这一天，风雪交加，十分寒冷。教室里也失去了以往的温暖，同学们读书的心思似乎已被冻住了，只听见满屋的跺脚声。

往日很温和的布鲁斯先生一反常态，满脸的严肃庄重甚至冷酷，就像室外的天气。乱哄哄的教室安静下来，学生们惊异地望着鼻头红红的布鲁斯先生。

"各位同学，把你们的书本放好，我们到操场上去站立五分钟。"即使布鲁斯先生说出了"不上这堂课，永远别上我的课"的恐吓之词，还是有几个娇滴滴的女生和几个很健壮的男生也还是不愿意走出教室。

那天，操场上的篮球架被雪团打得"啪啪"作响，雪粒雪团呛得人睁不开眼张不开口。学生们挤在教室的屋檐下，不肯迈向操场半步。布鲁斯先生脱下羽绒服，只穿了一件衬衫，对同学们说："到操场上去，站好。"学生们老老实实地到操场上排好了三列纵队。五分钟过去了，布鲁斯先生平静地说："解散。"

回到教室，布鲁斯先生说："在教室里，我们都以为自己敌不过这场风雪。实际上，叫你们站半个小时，你们可以顶得住；叫你们只穿一件衬衫，你们仍然能顶得住。面对困难，人们往往给它戴上放大镜，但如果你和困难拼搏一番，你会觉得困难不过如此。"

这时候，每个人都庆幸自己没有缩在教室里：在那个风雪交加的时候，在那个空旷的操场上，他们学到了人生重要的一课。

112. 铁钉与理想

从前，有一对穷苦的兄弟，他们以拾破烂为生，和许多人一样，他们也盼望着有一天能够发大财，过上好日子。

一天，兄弟俩照旧从家里出发，沿着街道一起向前走去。这天的街道仿佛刚经历过一场大扫除，平日里最微小的破烂东西都不见了踪影，仅剩的就是一寸长的小铁钉。

哥哥看到这些铁钉，将它们一个一个地捡了起来。弟弟却对哥哥的行为不屑一顾，说："两三个小铁钉能值几个钱？"但是哥哥没有嫌弃，还是将它们一个个弯腰拾了起来。走到街尾，哥哥差不多捡到了满满一袋子的铁钉。

看到哥哥的成绩，弟弟若有所悟。他打算学哥哥那样捡一些铁钉，不管多少，最起码也能卖些钱。可当他回头看的时候，发现路上连一个铁钉都没有，因为那些铁钉都被哥哥捡光了。他想："没什么大不了的，反正铁钉也卖不了多少钱。哥哥的那一袋，可能连三元钱都卖不到。"

兄弟俩继续向前走。没多久，他们几乎同时发现街尾新开了一家收购店，门口挂着一块牌子，上面写着"本店急收一寸长的旧铁钉，每枚一元"。弟弟看到这里，后悔得捶胸顿足。哥哥则用那些小铁钉换到了一大笔钱。

店主走近呆在街上发愣的弟弟，问道："孩子，你和哥哥走的是同一条路，难道你连一个铁钉也没有看到吗？"弟弟沮丧地说："我看到了。可小铁钉并不起眼，我没想到它竟然这么值钱。等我知道它很有用时，那些铁钉已经被哥哥全部捡走了。"

113. 成功的前一步

小鲁克十分爱好运动，特别是长跑，所以，当学校举行 *10* 公里越野赛时，他毫不犹豫地报了名。比赛一开始，鲁克跑得很轻松，他一边跑一边欣赏路边的风景。但渐渐地，他的两腿有些发软，呼吸也明显急促起来，步子越来越沉重。

这时，一辆专门接送跑不动或者受伤的学生的校车开了过来，里面的人招呼他上车。鲁克很想上车，将自己沉重的双腿彻底地放松，但咬咬牙还是忍住了。中途被校车接回去实在是一件不怎么光彩的事情。

于是小鲁克坚持着继续跑，但是那种感觉实在不好受。他两眼模糊，胸口发紧，双腿像灌铅似的沉重，停下来休息的愿望强烈地袭来。他想："如果再有校车驶过来，我一定会上去。"如他所预料的，真的又有一辆校车开过来了，但此刻他却迟疑了：难道真的就这样上去了吗？前面的路就白跑了吗？在激烈的思想斗争之后，小鲁克还是压制住了欲望，继续朝前跑。

然而，小鲁克显然累得不行了，他觉得时间比平日走得慢多了。就这样跑了不知多久，他来到一个小山坡前。此刻，他已接近崩溃的边缘，在他眼里，眼前的小山坡就是一座珠穆朗玛峰。小鲁克终于绝望了。当校车再一次开过来的时候，他毫不犹豫地就上去了。

没想到的是，校车开过那个小山坡一拐弯就到了终点。这最后的一个小小的山坡，竟然成为了他无法逾越的高峰。从那以后，小鲁克明白了坚持的重要。

114. 不言放弃

克里蒙·史东是美国联合保险公司的董事长，美国最伟大的商业巨子之一。他自幼丧父，为了帮助母亲维持这个家，他从小便懂得以打零工来贴补家用。

有一次，小史东走进一家餐厅叫卖报纸，被赶了出来。然而，他不想放弃，于是趁着餐厅老板不注意的时候，又偷偷地溜了进去。气恼的餐厅老板一脚把他踢了出去，可是小史东只是揉了揉屁股，拿起报纸，又一次溜进这家餐馆。在场的客人们看见这个勇气十足的小男孩，纷纷代他说情，并买他的报纸看。因此，小史东的屁股虽然被踢得很痛，但他的口袋里却装满了钱。

勇敢地面对困难，不达目的绝不罢休——史东就是这样的孩子，后来仍然是这种人。

史东还在上中学的时候，就开始试着去推销保险了。他来到一栋大楼前，心想："如果被人踢出来，那么我会像当年卖报纸一样，拍拍屁股再走进去。"

不过，这次他没有被踢出来，还很顺利地走进了每一间办公室。那天，有两个人向他买了保险。就推销数量来说，他是失败的。不过，对史东个人来说，总算是有所收获，因为在这个过程中，他掌握了更多的销售技巧。第二天，他卖出了四份保险；第三天，他卖出了六份……

20 岁那年，史东创立了个人保险经纪公司。就在开业当天，他就在繁华的大街上卖出了 54 份保险。接下来，他不断地突破自己的纪录，还曾创下每 4 分钟成交一份保险的奇迹。1938 年底，克里蒙·史东成了一名资产过百万的富翁。

115. 成功的公式

爱因斯坦在创立了相对论和量子力学之后，名声大振。

一天，爱因斯坦正在思考问题，突然砰砰砰的敲门声打断了他的思绪。爱因斯坦有些懊恼地冲出书房，霍地打开门："是谁？有什么事？"

门口站着的是一位年轻人，他看上去似乎十分紧张，尤其乍一看到身穿睡衣、顶着一头乱蓬蓬的头发的爱因斯坦，他立刻忘了自己练习多遍的开场白："嗯……爱因斯坦先生，您……您好，我……"

年轻人笨拙的表现令爱因斯坦哑然失笑。为了缓解年轻人紧张的情绪，爱因斯坦把他请进客厅，坐下来与他交谈。原来这是一位好学的青年，对物理学也充满了浓厚的兴趣。他向爱因斯坦请教了许多物理学方面的问题。最后，他问爱因斯坦："教授，您能不能把您创立相对论的秘诀告诉我？"

爱因斯坦笑了笑，诙谐地说："哦，是有个秘诀！"

年轻人一听，立刻正襟危坐，屏息凝神地等待着。

"秘诀就是，"爱因斯坦慢条斯理地说道，"$A = X + Y + Z$。"

接着，爱因斯坦对这个公式做了这样一番解释：A代表成功，X代表艰苦的劳动，Y代表正确的方法，Z代表少说空话。

116. 可怜的懒汉

很久很久以前，大海中有一个独眼岛，岛上的人和普通人不一样，他们都只有一只眼睛。有一个整天做发财梦的懒汉，他听说这

件事之后高兴极了，心想："如果抓一个独眼人过来，带出去展览，人们一定都争着来看，这样的话肯定能赚很多的钱。"

说办就办，懒汉坐船去了独眼岛。他刚一上岸，就看见一个独眼人迎面走过来。懒汉高兴极了，心想："老天爷对我真不薄啊，发财的机会来了！"他向独眼人行了个礼，装出很礼貌的样子，微笑着说："见到您，我感到十分荣幸。"独眼人用自己唯一的眼睛打量了一下这个懒汉，然后也微笑着说："见到您我也很荣幸。"懒汉说："我想请您到我家去做客，不知道您愿不愿意。"独眼人说："看到您这么热情，我当然愿意了。但我家离这儿更近，您还是先到我家去坐坐吧。"懒汉欣然同意了。

他刚走进独眼人的家，这个独眼人就吩咐家人把懒汉绑了起来，并大声宣布道："我们发财的机会来了，他就是我们的摇钱树。"独眼人的家人们定睛一看，齐声喊道："快看啊，他有两只眼睛！可真是个怪人！他是从哪里来的？"独眼人接着说："这个愚蠢的家伙是自己送上门来的。我们可以把这个怪物关在笼子里，去展览赚钱。我相信每个人看到这个怪物都会很吃惊，都会抢着来看的！到时候我们就会有赚不完的钱了。"

就这样，可怜的懒汉自己没赚成钱不说，反倒成了别人挣钱的工具。

117. 土著人

一个人到墨西哥旅游，一天黄昏时他在一个海滩漫步，忽然看见远处有一个人像在跳舞似的。走近些时，发现原来是一位土著在沙滩上拾起一些东西，然后用力地抛到海里去，并且重复不停地把拾起的东西抛到海里。

再走近些时，他看清楚原来这土著人在不停地拾起由潮水冲到沙滩上的海星，逐只用力地把它抛回大海去。

他于是奇怪地趋前，向土著说："晚安！朋友，我不明白你在干什么。"

那人说："我在把这些海星抛回海里。你看，现在正是潮退，海滩上这些海星全是给潮水冲到岸上来的，很快这些海星便会因缺氧而死了！"

"我明白。不过这海滩有数不尽的海星，成千上万的，你可有能力把它们全部送回大海呢？尽管你真能做到，试想，这海岸有过百的海滩，你又怎能有功夫去处理呢？你可知道你所做的作用不大啊！"

那位土著微笑着，继续拾起另一只海星，一边抛一边说："但起码我改变了这只海星的命运呀！"于是他恍然大悟。

118. 神奇的小水缸

有一位老农在不经意间得到了一口小水缸，于是他把小水缸背回家去准备用来装粮食。

说来也真奇怪，当老农从小水缸里舀米做饭的时候，舀出一碗，缸里的米却一点儿也没见少，反而是舀出来多少，缸里又马上增加多少。老农恍然大悟，原来这只小水缸是一只能生东西的宝缸！老农乐坏了，从此他再也不用为没有米吃而发愁了。好心的老农还把米舀出来送给村子里的穷人，这样，穷人们也都有饭吃了。

他们这里有一个贪财的县官，当他听说老农家里有一件如此神奇的宝物之后，立刻派人把小水缸抢了过来。宝缸一到手，贪财的县官就拿出一个元宝放到缸里，他想让小水缸生出更多的元宝。果然，小水缸里出现了永远也拿不完的元宝，这下可把县官乐坏了，他将小水缸看得比命还重要。

县官的父亲听说有这么一件奇怪的事，也跑过来想看个究竟。可不知怎么的，老头子不小心，掉进水缸里去了。县官赶忙去拉他的父亲，可他拉出一个父亲来，缸里马上又出来一个，就这样他一直拉出十几个父亲来。

县官这下晕了，他分不出哪个是他的亲生父亲了，于是问道："你们到底谁是我的父亲？"十几个老头一起回答说："我是，我是。"不久就又扭打在了一起。县官又气又急，大声嚷道："你们都给我走，我一个父亲也不要了！"老头儿们一听这话，都气得举起棍杖朝县官"噼里啪啦"地打过去，小水缸被打破了，县官也被打得趴在地上，再也爬不起来了。

119. 鸡群里的老鹰

一天，樵夫在山里砍柴时，捡到了一只小鸟，看样子，小鸟应该是刚出生不久，因为它的小嘴还是黄黄的颜色。樵夫把它带回了家给儿子玩耍。

樵夫的儿子非常淘气，他把小鸟和小鸡放在一起来饲养。小鸟一天天地长大了，樵夫一家惊奇地发现，它的体形非常庞大，几乎已经比母鸡的体形大一倍了。而且，这只小鸟还长出了一个又长又弯的嘴、两只强壮的脚和锐利的爪，它扑扇着自己的一对强有力的大翅膀，竟然能飞几米高。原来它是一只鹰！

樵夫一家犯难了，因为他们知道鹰是会吃鸡的，如果继续饲养这只鹰的话，不光他们家的鸡会遭殃，甚至整个村子的鸡都不会有好下场。

于是大家通过认真讨论后决定：要么把这只鹰杀掉，要么将它放归大自然，让它过原本属于它的生活。但是樵夫一家跟这只鹰相处这么长时间，已经对它产生了很深的感情，他们是舍不得杀掉它的。

樵夫一家决定把这只鹰放生，让它回归大自然。可是，他们用了好多办法都无法让这只鹰重返大自然，每次放出去之后，第二天它又飞了回来。樵夫一家只好狠下心来用木棍驱赶它，甚至把它打得遍体鳞伤。即便如此，每当樵夫一家以为鹰再也不会回来的时候，第二天早上它又会出现在鸡窝里。樵夫一家明白了：原来，鹰是舍不得那个温暖舒适的窝。

后来，村里的一位老人听说了这件事，说："把鹰交给我吧，我有办法让它永远不再回来。"

老人将鹰带到附近一个最陡峭的悬崖绝壁上，然后将鹰狠狠地向悬崖下的深涧扔去。鹰开始时一直没有张开翅膀，好像石头落地一般的迅速向下坠，眼看着就要到涧底了。忽然鹰展开了双翅，轻轻拍打了几下，并开始在空中慢慢滑翔，然后昂着头冲向蔚蓝的天空，逐渐飞出了老人的视野。

从那以后，鹰再也没有回来过。

120. 刻木板

桑尼是一个没有耐性的孩子，做什么事都是三分钟热度，往往都是半途而废。

一天，父亲把小桑尼叫到面前，给了他一块木板和一把小刀，并对他说："你每天在这块木板上刻一刀，只准刻一刀。"桑尼觉得这是一个很好玩的游戏。从此以后，桑尼每天都会在木板上用小刀刻一刀。

仅仅过了几天，桑尼就有点坚持不住了，他很不耐烦地问父亲："为什么不让我多刻几刀呢？我实在不知道您到底想让我做什么。"

然而，父亲只是笑着对他说："过几天你就知道了。"父亲一脸的神秘勾起了小桑尼的好奇心，他决定看个究竟，于是继续每天在木板上刻一刀。这一天，桑尼和往常一样在木板上把刀划了下去，然而，奇迹在此刻发生了：木板被切成了两块。

他看见父亲走过来对他说："这次你只用了和平常一样的力气，却把木板切成了两块。成功是不是很简单啊？但是如果没有你以前的努力，今天你用再大的力气也无法将木板切开的。孩子，成败，在于奋斗，在于努力，更在于持之以恒。"

121. 乞丐的愿望

很久以前，有一个又老又脏又懒的乞丐。他虽然很穷，往往是吃了上顿没下顿，但是乞丐很有诚意，每天都祈祷上帝能给他带来好运。终于，上帝被乞丐的诚意打动了。

上帝派一个全身发光的天使来到乞丐身边，天使说："尊敬的乞丐先生，我可以满足你三个愿望。"

乞丐高兴极了，连忙说："我想要变成一个有钱人。"话音刚落，乞丐就置身于一座豪华的大宅院中，身边有无数的金银财宝，他一生也享用不尽。

乞丐又说："我希望能年轻40岁。"刚说完，乞丐就变成了一个20岁的年轻小伙子。接着，乞丐又说出了自己的第三个愿望："一辈子不用工作。"

乞丐刚说完，刚才所变出来的一切又都消失了。乞丐又变回了原来那个又老又脏的老头儿。

乞丐很纳闷，问天使说："这是为什么？我这个愿望说出来之后，为何刚才出现的那些东西全部消失了，我又变得一无所有了呢？"

天使说："工作是上帝给你的最大的祝福，它能给你带来一生的财富和幸福。现在你把上帝给你的最大的恩赐扔掉了，当然就一无所有了！"

122. 画孔雀

一个国王听说有一位画家擅长水彩画，有一天，他专程去拜访那位画家。

"请你为我画一只孔雀。"国王要求说。

一年后，他再次登门拜访画家。

"我订购的水彩画在哪儿？我曾经要你为我画一只孔雀。"国王说。"你的孔雀就要画好了。"画家说。

他拿出了画纸，不一会儿工夫就画出了一只美丽鲜艳的孔雀。国王很满意，但是价钱却使他吃惊："就那么一会儿工夫，你毫不费力、轻而易举地就画成了，竟要这么高的价钱？"国王问。于是画家领着国王走遍他的房子，每个房间都放着一堆堆画着孔雀的画纸。画家说："这个价钱是十分公道的，看起来毫不费力而简单的事情，却花费了我很多的时间和精力。为了在这一会儿时间为你画出这只孔雀，我用了整整一年的时间才准备好！"

123. 泥人过河

　　某一天，上帝宣旨说，如果哪个泥人能够走过他指定的河流，他就会赐给这个泥人一颗永不消逝的金子般的心。

　　这道旨意下达之后，泥人们久久都没有回应。不知道过了多久，终于有一个小泥人站了出来，说他想过河。

　　"泥人怎么可能过河呢？你不要做梦了。"

　　"你知道肉体一点儿一点儿失去时的感觉吗？"

　　"你将会成为鱼虾的美味，连一根头发都不会留下……"

　　然而，这个小泥人决意要过河。他不想一辈子只做这么个小泥人。

　　他想拥有自己的天堂。但是，他也知道，要到天堂，得先过地狱。

　　而他的地狱，就是他将要去经历的河流。

　　小泥人来到了河边。犹豫了片刻，他的双脚踏进了水中。一种撕心裂肺的痛楚顿时覆盖了他。他感到自己的脚在飞快地溶化着，每一分每一秒都在远离自己的身体。

　　"快回去吧，不然你会毁灭的！"河水咆哮着说。

　　小泥人没有回答，只是沉默着往前挪动，一步，一步。这一刻，他忽然明白，他的选择使他连后悔的资格都不具备了。如果倒退上岸，他就是一个残缺的泥人；在水中迟疑，只能够加快自己的毁灭。而上帝给他的承诺，则比死亡还要遥远。

　　小泥人孤独而倔强地走着。这条河真宽啊，仿佛耗尽一生也走不到尽头似的。小泥人向对岸望去，看见了美丽的鲜花、碧绿的草地和快乐地飞翔着的小鸟，也许那就是天堂的生活。可是他付出一

183

切也不能抵达。上帝没有赐给他出生在天堂当花草的机会，也没有赐给他一双当小鸟的翅膀。但是，这能够埋怨上帝吗？上帝是允许他去做泥人的，是他自己放弃了安稳的生活。

小泥人以一种几乎不可能的方式向前挪动着，一厘米，一厘米，又一厘米……鱼虾贪婪地啄着他的身体，松软的泥沙使他每一瞬间都摇摇欲坠，有无数次，他都被波浪呛得几乎窒息。小泥人真想躺下来休息一会儿啊。可他知道，一旦躺下他就会永远安眠，连痛苦的机会都会失去。他只能忍受，忍受，再忍受。奇妙的是，每当小泥人觉得自己就要死去的时候，总有什么东西使他能够坚持到下一刻。

不知道过了多久——简直就到了让小泥人绝望的时候，小泥人突然发现，自己居然终于上岸了。他如释重负，欣喜若狂，正想往草坪上走，又怕自己身上的泥土玷污了天堂的洁净。他低下头，开始打量自己，却惊奇地发现，他已经什么都没有了——除了一颗金灿灿的心，

而他的眼睛，正长在他的心上。

124. 做得更好

一个年轻人在一座土窑前，看见了一位刚开始学习烧制陶器的老人。这时，老人正用木棍把二十多个刚刚出窑的陶器打得粉碎。

年轻人不解地问老人说："你为什么要将这些刚出窑的、精心烧制的陶器全毁掉呢？"

老人回答道："这一窑的火候没掌握好，它们全都是废品。"

年轻人非常惋惜地说："可是你把它们都打碎了，花费的心血不是白白地浪费掉了嘛！"

老人说："没什么值得可惜的，我相信下一炉会烧得更好。"

年轻人若有所思地离开了。

125. 两只蚂蚁

非常不幸，两只蚂蚁误入玻璃杯中。

他们慌张地在玻璃杯底四处触探，想寻找一个缝隙爬出去。不一会儿，他们便发现，这根本不可能。于是，他们开始沿着杯壁向上攀登。看来，这是通向自由的唯一的路。

然而，玻璃的表面实在太光滑了，他们刚爬了两步，便重重地跌了下去。

揉揉摔疼了的身体，爬起来，再次往上攀登。很快，他们又重重地跌到杯底。

三次、四次、五次……有一次眼看就快爬到杯口，可惜，最后一步却失败了，而且，这一次比哪次都摔得重，比哪次都摔得疼。

好半天，他们才喘过气来。一只蚂蚁一边揉着屁股，一边说："咱们不能再冒险了。否则，会摔得粉身碎骨的!"

另一只蚂蚁说："刚才，咱们离胜利不只差一步了吗?"说罢，他又重新开始攀登。

一次又一次跌倒，一次又一次攀登，他到底摸到了杯口的边缘，用最后一点力气，翻过了这道透明的围墙。

隔着玻璃，杯子里的蚂蚁既羡慕又妒忌地问："快告诉我，你获得成功的秘诀是什么?"

杯子外边的蚂蚁回答："接近成功的时候可能最困难。谁在最困难的时候也不丧失信心，谁就可能赢得胜利。"

126. 穷人和富人

"帮我出个发财的主意吧，大哥!"一个穷人恳求一个富人。

"早晨早起一个钟头，晚上晚睡一个钟头。"富人说完就走了。

第二天，这个穷人比平时早起了一个钟头，又比平时晚睡了一个钟头。使他奇怪的是自己并没有发财。

第三天，穷人一起床就急急忙忙去找富人。

"我说大哥，你的法子不灵啊!"穷人朝富人抱怨道。

富人听穷人讲了一遍经过以后，说："我是让你每天早起一个钟头，晚睡一个钟头。"他故意把"每天"两个字说得很响。

穷人只得怪自己开始时没听明白。他只好回家重新实践。

三个月以后，穷人和富人又相会了。

"怎么样，老弟，尝到甜头了吧?"这回是富人先发问了。

"啥甜头儿，你这法子可把我坑苦了。白搭上工夫不说，还多花了几十块烟钱。"穷人看来又没有发成财，对富人一肚子牢骚。

"你是按我的主意办的吗?"富人奇怪地问。

"是啊! 这三个月，我每天早起一个钟头，晚上晚睡一个钟头。"穷人也故意把"每天"两个字说得很响。

"那你早起晚睡得来的时间都干什么了?"富人又问。

"干……什么了?"穷人愣住了，"你没让我干什么呀?"

富人知道他无法帮助这个穷人了，掉头离去。

127. 老鹰和蜗牛

世界上只有两种动物能到达金字塔顶。一种是老鹰，还有一种，就是蜗牛。老鹰和蜗牛，从来没有人把它们联系在一起。它们是如此的不同：鹰矫健、敏捷、锐利；蜗牛弱小、迟钝、笨拙。鹰残忍、凶狠，杀害同类从不迟疑；蜗牛善良、厚道，从不伤害任何生命。鹰有一对飞翔的翅膀；蜗牛背着一个厚重的壳。

与鹰不同，蜗牛到达金字塔顶，主观上是靠它永不停息的执著精神，客观上则应归功于它厚厚的壳。蜗牛的壳，非常坚硬，它是蜗牛的保护器官。据说，有一次，一个人看见蜗牛顶着厚重的壳艰难爬行，就好心地替它把壳去掉，让它轻装上阵，结果，蜗牛很快就死了。正是这看上去又粗又笨、有些负重的壳，让小小的蜗牛得以万里长征，到达金字塔顶。在登顶过程中，蜗牛的壳和鹰的翅膀，起的是同样的作用。可惜，生活中，大多数人只羡慕鹰的翅膀，很少人在意蜗牛的壳。

128. 绵羊的悲剧

绵羊哭丧着脸向造物主请求："给我一个再造的机会吧！把我变得无比威武强大，不再老受欺负，好吗？"

造物主不假思索地回答："好的，这一次我破个例，按你自己的愿望吧！"

"先把这身倒霉的皮毛换一换，洁白从来是软弱的象征。"绵羊说，"我要像刺猬一样，全身披满尖刺。"

"可以。"

"当然，头部最重要，我要有狮子头了威风凛凛的鬃毛，再配上大象的长鼻子，野猪的獠牙。"

"可以。"

"还有，腿脚不利索也不行，我要有猎豹善于奔跑的四蹄。"

"可以。"造物主问，"再仔细想想，还有哪个更重要的地方需要变？"

绵羊说："对了，更重要的是还应该有老虎那根钢鞭似的尾巴。这样，我就心满意足了。"

绵羊的请求一一得到满足，便兴冲冲地回到草原，大摇大摆地走着，远远看见了老狼。仇人相见，分外眼红，绵羊扬起鬃毛，张开全身尖刺，伸展长鼻子，摇动硬尾巴，撒开四蹄，向老狼扑去。

老狼面对怪物，慌了，不敢贸然应战，只是使了惯用的手段，声嘶力竭地长嚎起来。

听着老狼这一嚎叫，绵羊吓坏了，早忘了自己是经过再造的，一下子吓瘫在地，发出一阵可怜的叫声。

"哈哈，原来是一只化装了的绵羊！"这一回，轮到老狼扑上去了……

造物主见了，深深地叹了一口气，说："可怜的绵羊，只是外表有了改变，内心不变，结局还是一样啊！"

129. 红桃子的梦

运桃子的大车驶出树林，嘎吱吱，嘎吱吱……

车上有只红红的桃子，看上去已经很熟了，这时候，她正甜滋滋地想：大车会将我们运到哪里去呢？不管到哪里吧，肯定是将我们种到风景优美的地方去，让我们变成一棵棵美丽的桃树。

她正想着，嘎吱——大车轧着了一块石头，发出了一阵轻微的抖动。她身体一颤，咕噜——掉到了地上，正好掉在石头旁边。她痛得哎哟叫了一声，嘴巴已经咧开了。可是她的叫声被大车的车轮声吞没了，赶车的翘胡子大伯根本就没听见。

188

嘎吱吱，嘎吱吱……大车渐渐远去了。

红桃子孤零零地待在地上，她哭了，哭得很伤心。石头听见了，奇怪地问："红桃子，你哭什么呢？"

"我想变成一棵美丽的桃树，现在一点希望也没有了，我能不伤心吗？"

石头一听是这事，不禁笑了："每只桃子都想变桃树吗？"

"对，这是我们桃子的梦想呀！"红桃子回答说。

"那你现在更不应该哭了。"

"为什么？"红桃子惊奇地问。

"你在大车里，被运到城里去，是卖给城里人吃的，那些城里人吃掉桃子肉，就会将桃核扔进垃圾箱，那你是绝不可能变成桃树的。你现在掉在这里，只要钻进土里，几年后就会变成一棵美丽的桃树。你应该高兴才对呢！"

"啊，是这样。"红桃子明白了，可是过了一会儿又发愁了，我又没手没脚，怎么钻进泥土里去呢？"

"别急，你耐心等着吧！"

这时，远远地一只梅花鹿跑来了。石头说："瞧，梅花鹿来了，你别怕，让他踩一下！"

红桃子还没明白是怎么回事，就觉得眼前一花，"啪！"

身子被重重地踩了一脚，被踩扁了。梅花鹿"咯咯咯"地跑远了，红桃子又大哭起来："哇，我好痛呀！"

石头说："哭什么呀！这是好事呀！你瞧，你已有一半陷进泥土里了。"

"可是我被踩扁了，我痛呀！"

"你要变成美丽的桃树，怎么能怕痛呢？"

红桃子想了想不做声了：石头说得对，为了变成美丽的桃树，我不能怕痛。

过了一会儿，一只大狗熊哼哧哼着过来了。

这回红桃子忍住痛，还一边暗暗说：大狗熊，你使劲踩我一脚吧！大狗熊过来了，果然狠狠地踩了她一脚，这次红桃子整个身子都被踩进了泥土，一下子晕过去了。石头看了看被埋进土里的晕过去的红桃子，说："好样的，红桃子，你一定会变成一棵美丽的桃树的。"

过了几个月，红桃子变成了小树苗。

几年后的春天，这儿出现了一棵美丽的桃树，粉红色的花像节日彩灯开满了树枝。呀，这是世界上最美丽的桃树，红桃子的梦想终于实现了！

130. 大禹治水

尧在位的时候，黄河流域发生了很大的水灾，庄稼被淹了，房子被毁了，老百姓只好往高处搬。尧召开部落联盟会议，商量治水的问题。他征求四方部落首领的意见：派谁去治理洪水呢？首领们都推荐鲧。尧对鲧不大信任。首领们说："现在没有比鲧更强的人才啦，你试一下吧！"尧才勉强同意。

鲧花了九年时间治水，没有把洪水制服。因为他只懂得水来土掩，造堤筑坝，结果洪水冲塌了堤坝，水灾反而闹得更凶了。

舜接替尧当部落联盟首领以后，亲自到治水的地方去考察。他发现鲧办事不力，就把鲧杀了，又让鲧的儿子禹去治水。

禹改变了他父亲的做法，用开渠排水、疏通河道的办法，把洪水引到大海中去。他和老百姓一起劳动，戴着箬帽，拿着锹子，带头挖土、挑土，累得磨光了小腿上的毛。

经过13年的努力，终于把洪水引到大海里去，地面上又可以供人种庄稼了。

禹新婚不久，为了治水，到处奔波，三次经过自己的家门，都没有进去。有一次，他妻子涂山氏生下了儿子启，婴儿正在哇哇地哭，禹在门外经过，听见哭声，也忍着没进去探望。

当时，黄河中游有一座大山，叫龙门山（在今山西河津县西北）。它堵塞了河水的去路，把河水挤得十分狭窄。奔腾东下的河水受到龙门山的阻挡，常常溢出河道，闹起水灾来。禹到了那里，观察好地形，带领人们开凿龙门，把这座大山凿开了一个大口子。这样，河水就畅通无阻了。

人们从此过上了安居乐业的生活，大禹也成为人们深深爱戴的英雄。

131. 卧薪尝胆

春秋末年，吴国和越国长期争霸，越王勾践被吴王夫差打败，被迫带着夫人到吴国做奴仆。

在吴国，勾践被差遣去给吴王做马夫，给吴王养马。一次，吴王来骑马，上马时不要马凳，却要勾践跪在地上，踩着勾践的头上马。这样还不算，吴王又自己坐在马上，让勾践牵着马走，大臣们则跟在身后喊："快来看哪，昔日的越王今天给我们吴王牵马啦。"街市上的行人纷纷将杂物扔向勾践，勾践低垂着头，一声不吭。

就这样，吃的是糟糠野菜，穿的是破衣烂衫，忍受着奇耻大辱，在吴国待了整整三年，勾践才被放回国。

回国后，勾践不敢忘记灭国的耻辱。他不住在宫殿里，而是住在宫外的草房里。草房里也没有床，只是在地上随便铺了一点柴草，就睡在柴草上面。他还在草房中挂了一颗苦胆，每天吃饭、睡觉之前，都要先尝一尝苦胆的味道，以此激励自己。

当时正值春日。为了鼓励百姓多种粮食，勾践亲自下田插秧，同时让夫人带领众大臣的夫人们纺线织布，带动了越国的生产发展。没过几年，越国渐渐富裕了起来，军力和财力都大大得到了增强。

越国终于发兵，打败了吴国，报了仇。

132. 墨池

晋代有位大书法家王羲之，人称书圣，他写的《兰亭集序》，灿烂如图画，和谐似音乐，被称为"天下第一行书"，成就登峰造极，无人能和他相比。

王羲之很小就喜欢练字，七岁开始跟女书法家卫夫人学习书法。他学习很努力，并且刻苦练习，卫夫人很喜欢这个勤奋的学生。

后来王羲之又游历了许多名山大川，见到了许多书法名家的手迹。他一个一个地临摹，把每个字的特点弄清楚，然后回家练习。

王羲之家院子里有一方池塘，就在他书房的外面。池塘边有一株老树斜长着，树枝拂着水面，池里的水很清澈，能见到小鱼去咬浮在水上的树叶。王羲之有个小表姐，最喜欢在池边玩。后来，他的小表姐到其他地方去了几年，再来他家时，惊奇地发现池水已变黑了，再也看不见里面的小鱼儿了。原来，是王羲之每天在池水中洗砚、洗笔，将池水染黑的。

在这样的刻苦练习之下，主羲之的笔力大进。有一次，有人请王羲之在木板上题字，工人在用刀刻字时，竟发现字迹透入木板三分深。

王羲之终于成为前无古人、后无来者的书法大师。

133. 葛洪抄书

葛洪是晋代人，他13岁的时候，父亲死了，全家的生活重担，一下子压在他的肩上。祖上只留下几亩薄田，他便亲自耕种起来。披星星，戴月亮，风里来，雨里去，一年苦到头，还是吃不饱，穿不暖。可是，他是有毅力的人，在这样艰苦的环境里，仍然千方百计克服困难，钻研学问。

葛洪的祖父、父亲都是读书人，他们收集了不少书籍，但由于屡遭战火，有的被焚毁，有的被劫掠，一本都没剩下。

葛洪在农闲的时候，苦于无书可读，便背上空箱子，徒步跋涉，四出借书。可是在战火纷飞的年代，在任何一家都很难借到一部首尾完整的书，他常常是跑了东家又跑西家，东拼西凑，才有可能凑全。而借书，总是有限期的，好不容易凑全一部书，还没有来得及仔细研读，又要归还了。想要解决这个问题，唯一的办法是亲自抄写。可是他没有笔墨纸张，白天又要劳动，只能利用晚上时间，而晚上又点不起灯，但是这一切都没能难倒他。

他挤出时间，上山砍柴。一则卖柴买文具，二则用柴火代替油灯。于是，每天吃过晚饭，他便架起枯树枝，点火抄书。他抄的书数量十分庞大。据《晋书》介绍，他抄的经史著作、百家著作、医学著作足足有四百多卷。要抄这么多书，靠卖柴买纸，当然常常入不敷出，所以一张纸总是写得密密麻麻的，写完正面，又写反面。

就这样，葛洪一面辛勤劳动，一面刻苦钻研学问，终于成为晋代著名的思想家、医学家和炼丹术家。

134. 孙盛论学忘餐

东晋时，有一位著名的无神论者，他的名字叫孙盛。他曾经专门写文章，驳斥"灵魂不灭"的迷信思想。他写了许多诗篇和论文，还著有《魏氏春秋》、《晋阳秋》等书。

在《晋阳秋》这本书中，孙盛记载着当时的大将军桓温在村头一战中失利的事。桓温见了大为恼火，托人捎话给孙盛："如果不删改这一段文字，就派兵封你家的门！"孙盛的儿子吓坏了，流着眼泪哀求父亲让步。孙盛面对权势，心硬如铁，坚持历史的本来面目。

孙盛一生都在刻苦读书，而立之年就成为远近闻名、博学多才的学者。当时还有一位叫殷浩的学者，也十分有名，并且才智过人，只有孙盛可以与他并驾齐驱。有一次，孙盛专程去拜访殷浩，同他一起探讨学术问题。他们面对面一边谈论一边吃饭。说到激动的时候，用力挥动拂尘（用麈尾或马尾做成的排除尘埃的器具），连拂尘上的毛扬到饭碗里也不在乎。饭菜冷了再热，热了又凉，连热了好几遍，一直到掌灯时分，他俩仍各执一词，热烈地辩论着，谁也说服不了谁。

殷浩尽管名震一时，可是无法驳倒孙盛的观点，从此，孙盛的名气更大了。

135. 白居易作诗

白居易是唐代著名诗人。他的祖辈都是诗人，所以他从四五岁开始就学习写诗。白居易虽然十分聪明，但他并不以此自恃，而是更加刻苦用功地学习。据史书上记载，白居易白天学赋（赋是韵文

和散文结合的一种文体），夜晚读书，还要挤出时间进行诗歌创作。由于缺乏睡眠而疲劳过度，以致于嘴角和舌头上都长出了疮。由于伏案写作，他的手和肘部磨出了老茧。

后来，白居易到京城长安求学。他拿着自己写的诗稿去找当时的名人顾况请教。顾况一开始看不起这个初出茅庐的少年，看到诗稿上的名字"居易"二字，便开玩笑地说："长安的东西都很贵，你要'居'住下来可不容'易'啊。"但等他读到诗稿中"野火烧不尽，春风吹又生"两句后，便肃然起敬，立即改变了口气说："能写出这样的句子，在天下哪里居住都不难！"从那以后，白居易声名大振。

白居易作诗，不仅勤奋，而且创作态度非常严肃。他把精益求精当做是一种艺术享受。他的诗稿几乎每一首都有涂改的痕迹，有些诗的初稿几乎修改得面目全非。史书上曾记载了这么一个故事：白居易每写完一首诗，先读给老婆婆们听，如果老婆婆说"懂"，便抄在稿纸上；如果老婆婆说"不懂"，白居易就立即进行修改。

白居易流传下来的诗歌有三千首之多，他因此而成为我国文学史上杰出的现实主义大诗人。

136. 阎立本千里学绘画

唐代出了许多有名的画家，其中有一个叫阎立本，影响很大。

阎立本从小就非常喜欢画画，经常用树枝在地上画一些小猫小狗什么的。长大一些后，他就找一些前人的画来进行临摹。他看着前人那些栩栩如生充满神韵的绘画作品，不由得心醉神迷。他暗暗下定决心："长大以后，我要成为一个有名的画家！"

从此，他开始专心致志地学习绘画艺术，每当听到谁画得好或哪里有什么好画，他就会千方百计地去学习。

有一次，阎立本听说荆州的一座古庙里有好些壁画。这些壁画是大画家张僧繇画的，技巧非常高明。于是阎立本就决定去观摩学习。阎立本家住长安，从长安到荆州少说也有上千里地。那时候，那么远的路程，走一趟可不容易！可是阎立本为了把前人画画的技巧学到手，不怕路途遥远，跋山涉水，前往荆州。

阎立本到了荆州，不顾一路上的劳累，马上就跑到那座古庙里去参观。

阎立本在庙里一连住了十多天，学到了许许多多绘画技巧，才高高兴兴地离开荆州回到长安。他千里迢迢学画的事，也很快流传开来了。